Ullstein Sachbuch

Michael Kneissler

Das Anima Prinzip

**Wie wir uns aus unseren
biologischen und gesellschaftlichen
Irrtümern befreien können.
Konzepte für den neuen Menschen.**

Ullstein Sachbuch

Ullstein Sachbuch
Ullstein Buch Nr. 34627
im Verlag Ullstein GmbH,
Frankfurt/M – Berlin

Ungekürzte Ausgabe

Umschlagentwurf:
B., O. & R., Frankfurt
Alle Rechte vorbehalten
© 1984 by Schönberger GmbH + Co
Verlags KG, München
Printed in Germany 1990
Druck und Verarbeitung:
Ebner Ulm
ISBN 3 548 34627 8

Februar 1990

CIP-Titelaufnahme
der Deutschen Bibliothek

Kneissler, Michael:
Das Anima-Prinzip: wie wir uns aus
unseren biologischen und gesell-
schaftlichen Irrtümern befreien können;
Konzepte für den neuen Menschen /
Michael Kneissler. – Ungekürzte Ausg. –
Frankfurt/M; Berlin: Ullstein, 1990
    (Ullstein-Buch; Nr. 34627:
    Ullstein-Sachbuch)
    ISBN 3-548-34627-8
NE: GT

Inhalt

Warnung

Dieses Buch könnte als provokativ empfunden werden – vor allem von männlichen Lesern. Der Eindruck ist richtig, das Buch will aufregen. Wer heute noch den Mann als exklusives Ebenbild Gottes ansieht und an unserer Männerwelt weder innere noch äußere Schäden festzustellen vermag, der verzichtet besser auf die Lektüre. Der Mann wird nämlich durchaus kritisch betrachtet.

Die Geschichte der vergangenen Jahrtausende hat gezeigt, daß es speziell dem Mann ausgesprochen schwerfällt, eigene Fehler zu erkennen, geschweige denn, sie zu akzeptieren. Überzeugt von sich selbst, neigt er deshalb dazu, seine Fehler solange zu summieren, bis das herauskommt, was wir heute unsere Welt nennen – kein besonderer Grund zur Freude. Täglich sterben auf unserem Globus viele Tausend Menschen vor Hunger, während die Industrie in Komplizenschaft mit der Politik dafür sorgt, daß wir zum erstenmal in der Geschichte fähig sind, die Erde mit Hilfe der Kernwaffen zu vernichten.

Der traurige Ist-Zustand der Erde ist von Männern gemacht. Sie müssen die Diagnosen aus »Global 2000« und den Verfall der gesellschaftlichen Werte verantworten.

Das wurde mir zum erstenmal in einem langen Gespräch mit der Staatssekretärin Franziska Fast vom österreichischen Bundesministerium für soziale Verwaltung klar.

Franziska Fast ist eine kleine Frau mit markanter Stimme. Sie hat sich von ganz unten nach ganz oben emporgearbeitet, von der Basis einer Gewerkschaft an die Spitze des Ministeriums. Leicht gemacht hat sie es weder sich noch den anderen. Denn Franziska Fast ist keine angepaßte Karrierefrau. Sie sagt das, was sie denkt, und sie eckt damit an.

Vor einigen Jahren war Franziska Fast aufgefallen, daß alle Gewerkschaftskollegen, mit denen sie zu Beginn ihres Berufs zusammengearbeitet hatte, verschwunden waren. Die Staatssekretärin ließ nachforschen, wo die Ex-Kollegen geblieben waren: auf dem Friedhof oder im vorzeitigen Ruhestand. Franziska Fast selbst aber fühlte sich frisch und tatkräftig wie immer.

Energisch hat sie sich von diesem Augenblick an um die Sache gekümmert. Zunächst gab es Widerstand im Ministerium, als sie das Thema mit der Frage »Müssen Männer früher sterben?« anging. Franziska Fast hat sich aber durch Opposition noch nie bremsen lassen – vor allem dann, wenn diese geschlechtsspezifisch ist. Gegen ihre Untersuchung haben nämlich vor allem die Beamten im Ministerium Widerstand geleistet. Franziska Fast: »Die Männer haben zunächst gegrinst.«

Das Grinsen ist ihnen aber bald vergangen. Die Staatssekretärin erhielt Unterstützung aus der Wissenschaft. Der bekannteste Selbstmord-Experte in Europa, Professor Erwin Ringel von der Psychiatrischen Klinik in Wien, bestätigte der Staatssekretärin, daß Männer viel häufiger psychosomatisch erkranken als Frauen und in der Folge auch öfter ihrem Leben selbsttätig ein Ende setzen. Der Sozialphilosoph Professor Leopold Rosenmayr ging sogar noch einen Schritt weiter. Auf einer Arbeitstagung des Fast-Ministeriums erklärte er: »Selbsthaß ist bei Männern viel stärker als bei Frauen und ein zentrales Problem der männlichen Rolle.«

Zusammen mit anderen Daten ergab sich für Franziska Fast ein ziemlich düsteres Bild für die Männer in unserer Gesellschaft. Sie hat mir dieses Bild folgendermaßen nachgezeichnet:

»Unsere Männer leben kürzer, im Durchschnitt um acht Jahre. Auf unserer Enquete im vergangenen Jahr wurden dafür körperliche Ursachen angeführt: Das Baby männlichen Geschlechts ist krankheitsanfälliger. Aber der erwachsene Mann trägt bereits selbst zum höheren Risiko bei: Mehr als zwei Drittel der Herzinfarkttoten sind Männer, und achtmal öfter sterben Männer als Frauen an Lungenkrebs. Ganz zu schweigen von den zahlreichen Verkehrstoten, darunter besonders viele junge Männer. Unsere Männer sind aber auch psychisch mehr belastet – oder weniger belastbar – als wir Frauen. Im vergangenen Jahr wurden 73 Prozent aller Selbstmorde von Männern verübt.«

»Wie es dazu kommt? Es beginnt bereits bei der Erziehung. Auch heute noch wird vom kleinen Jungen erwartet, daß er durchhält, daß er allein zurechtkommt, daß er nicht weint.«

Weiter geht es in der Schule: Anstatt Solidarität zu lernen – die Wissenschaftler nennen es gemeinsame Krisenbewältigung –, erwartet man vom Jungen, daß er sich durchsetzt und möglichst viel leistet und erfolgreich ist. Kein Wunder also, daß solcherart erzogene Männer später einmal, wenn sie in eine Krise geraten, von anderen keine Hilfe erwarten. Ja, daß sie immer noch unter dem Druck stehen, rasch zu entscheiden und die einmal getroffene Entscheidung konsequent durchzuführen.

Mehr als zwei Jahre lang habe ich mich mit diesen Aussagen beschäftigt. Das Thema ließ mich nicht mehr los. Ich habe mit Hunderten von Menschen darüber geredet, mit Ärzten und Arbeitern, mit Psychologen, Soziologen und Politikern, mit Männern und Frauen.

Zunächst hatte ich dabei Hemmungen. Als Mann bin ich mitschuldig an der Situation, die niemandem gefallen kann. Ich mußte innere Widerstände überwinden. Deshalb habe ich monatelang recherchiert, diskutiert, gelesen. Und immer klarer wurde mir in dieser Zeit, daß Leopold Rosenmayr recht hatte, als er mir in seiner mit Büchern vollgestopften Dachwohnung in Wien erklärte: »Jetzt kommt den Frauen menschheitsgeschichtlich eine ›Erlöser‹-Bedeutung zu, um diese Männerwelt zu retten.«

Die Lage, so scheint es, ist derart ernst, daß man guten Gewissens auf vornehme Umschreibungen des Problems verzichten kann. Deshalb habe ich die Lage des Mannes und seiner Welt so drastisch geschildert, wie ich sie sehe. Das mag in der Tat provokativ erscheinen und Widerspruch auslösen. Damit rechne ich. Dennoch wünsche ich mir, daß dem Leser und der Leserin folgendes bewußt sei: Wenn

11

es in diesem Buch »der Mann« oder »die Frau« heißt, sind nicht Sie persönlich gemeint. Diese Begriffe stehen symbolisch für eine maskuline oder feminine Tendenz in jeder Person. Sie können sich selbst darin entdecken – oder auch nicht. Das bleibt Ihrer Fähigkeit zur Selbstkritik überlassen.

Genauso wie ich auf eine Wende hoffe, mit der wir die Zukunft bewältigen können, wird sich in diesem Buch eine Wende vollziehen. Aus der Schilderung des von Männern zu verantwortenden Ist-Zustands entwickle ich ein neues Bild vom Menschen, der seine männlichen Leistungen nicht leugnet, sie aber durch bislang vernachlässigte weibliche Komponenten ergänzt. Diesen lebensrettenden Vorgang nenne ich das Anima-Prinzip. Dabei geht es nicht um einen erbitterten Kampf der Geschlechter, sondern um die Synthese der beiden Pole.

Einen guten Schritt weiter in Richtung auf das Konzept dieses Prinzps kam ich in langen Diskussionen mit meinem Vater und einer guten Freundin. Mein Vater näherte sich der Idee des Anima-Prinzips auf der Grundlage einer langen Lebenserfahrung und einer fast unglaublichen Literaturkenntnis. Meine Freundin beleuchtete das Problem vor allem von der esoterischen Seite. Wie der Naturwissenschaftler und nachdenkliche Bestseller-Autor Fritjof Capra glaubt sie an die in jedem Menschen vorhandenen entgegengesetzten Prinzipien Yin und Yang, die in einem der ältesten Weisheitsbücher der Menschheit, dem chinesischen »I Ging«, beschrieben werden.

Yin kann als das weibliche Prinzip mit den Prädikaten bewahrend, empfänglich, kooperativ, intuitiv und nach Synthese strebend nur unzulänglich dingfest gemacht werden. Yang gilt – ebenfalls so verkürzt dargestellt – als das männliche, fordernde, aggressive, wettbewerbsorientierte, rationale und analytische Prinzip.

Fritjof Capra hat in seinem Buch »Wendezeit« nachgewiesen, daß in unserer Welt Yang überbewertet wird. In diesem Buch werde ich den Nachweis dafür erbringen, daß dadurch die Probleme geschaffen wurden, die jetzt mit Yang-Mitteln nicht mehr gelöst werden können. Als Ausweg bleibt deshalb nur eine Möglichkeit: Die Menschheit muß sich der integrierenden Kraft des Yin wieder bewußt werden.

C. C. Jung hat das, was Yin beinhaltet, in bezug auf den Mann als Anima beschrieben, als den weiblichen Teil in der Seele des Mannes. Anima, das Prinzip Weiblichkeit, ist folglich die Hoffnung für die Zukunft.

Wer nun annimmt, der Mann als solcher habe sich überlebt, wie einst die Saurier, der vergißt, daß Yin und Yang in beiden Geschlechtern vorhanden sind. Der Mann hat durchaus noch eine Chance. Es ist die Chance des Anima-Prinzips. Diese aber muß er jetzt nutzen.

München, April 1984 *Michael Kneissler*

Die Männerwelt – am Ende

»Erst wenn der letzte Baum gerodet, der letzte Fluß vergiftet, der letzte Fisch gefangen ist, werdet Ihr feststellen, daß man Geld nicht essen kann.«

Prophezeiung der Cree-Indianer

Die manipulierte Welt

Seit mindestens 4000 Jahren beherrschen Männer die Welt. Sie haben viel geleistet in dieser Zeit, das bezweifeln am allerwenigsten die Männer selbst. In der Regel sind sie sogar stolz darauf, mit ihren männlichen Prinzipien, ihren patriarchalischen Denkstrukturen den Lauf der Dinge gesteuert zu haben.

Von ihrem Erfolg geblendet, leiden sie heute unter einem Phänomen, das der Psychologe Horst Eberhard Richter als Gotteskomplex bezeichnet. Der Mann will durch Wissen und durch die Beherrschung der Natur die Allmacht selbst erringen. Die Götter sind in den Augen des Mannes überflüssig geworden. Was einst nur sie wagen durften, maßt sich heute jedermann an: Wir zerstören Natur, Leben und kulturelle Werte, wie es uns beliebt. Mittlerweile sind wir ausreichend atomar gerüstet, um die ganze Erde zu vernichten.

»In der Logik dieser männlichen, von Männern für Männer geschaffenen und von Männern blindlings weiterentwickelten Ordnung liegt es«, klagt der französische Kulturphilosoph Roger Garaudy, »daß in einer solchen Welt alles zum Objekt, zum Manipulationsgegenstand wird.«

Severinas Brief

In der Kunst des Manipulierens haben es die Männer zu einer makabren Perfektion gebracht. Wie wenig Grund zum Stolz die Männer für ihre Leistungen haben dürfen, zeigt besonders eindringlich die Studie »Global 2000«, die das US-Außenministerium zusammen mit dem Rat für Umweltqualität und anderen amerikanischen Behörden und Organisationen Präsident Carter vorgelegt hat. »Wenn sich die gegenwärtigen Entwicklungstrends fortsetzen«, heißt es in dem alarmierenden Bericht, »wird die Welt im Jahr 2000 noch übervölkerter, verschmutzter, ökologisch noch weniger stabil und für Störungen anfälliger sein als die Welt, in der wir heute leben. Ein starker Bevölkerungsdruck, ein starker Druck auf Ressourcen und Umwelt lassen sich deutlich voraussehen. Trotz eines größeren materiellen Outputs werden die Menschen auf der Welt in vieler Hinsicht ärmer sein, als sie es heute sind.«

Selbst wenn man zunächst hoffnungsvoll ausschließt, daß es zu »Kriegen oder anderen tiefgreifenden Störungen« kommt, rechnen die Autoren der Studie damit, daß sich »für Millionen und Abermillionen der Allerärmsten die Aussicht auf Nahrungsmittel und andere Lebensnotwendigkeiten nicht verbessern wird«. Im Gegenteil: »Für viele von ihnen wird sie sich verschlechtern.«

Heute schon sterben nach einem Bericht der Vereinten Nationen jedes Jahr 50 Millionen Menschen an Hunger, darunter sechs Millionen Kinder. Das sind 95 Hungertote pro Minute.

Die Theologin Dorothee Sölle hat auf der 6. Vollversammlung des Ökumenischen Rates der Kirchen 1983 in Vancouver aus dem Brief einer brasilianischen Frau vorgelesen, den diese einer Nonne diktiert hat, weil sie selbst nicht schreiben kann. In dem Brief heißt es: »Ich, Severina, stamme aus dem Nordosten. Dort in meinem Land sind mir zwei Babys gestorben, weil ich keine Milch hatte. Eines Tages habe ich gesehen, wie in meinem Dorf 42 kleine Särge zum Friedhof getragen wurden. Meine Schwägerin, die sehr arm war, hat 17 Kinder gehabt. Drei davon sind am Leben geblieben. Alle anderen sind im Alter von einem Jahr bis zu vier Jahren gestorben. Von den drei Lebenden sind zwei nicht normal. Bei den Entbindungen war ich bei ihr, und manchmal gab es nicht einmal ein Stück frisches Leinen, um das Baby einzuwickeln. Bei vielen, ja Tausenden von Familien, sieht es so aus: Zehn oder fünfzehn Kinder, und von den zehn sterben fünf oder sechs. Tatsächlich gibt es Priester, die uns sagen: ›Wenn ihr sieben Kinder habt, die ganz klein gestorben sind, seid ihr glücklich. Eine Schar von Engeln erwartet euch im Himmel.‹ Aber wer weiß wirklich, was es für eine Frau heißt, zehnmal oder vielleicht noch

18

öfter neun Monate lang ein Kind zu erwarten, davon die ersten drei Monate weinend, weil man es doch nicht würde großziehen können? Soll man es lieben, um es nach vier Monaten verhungern zu sehen? Sollte das tatsächlich gemeint sein, wenn man von ›der menschlichen Würde‹ spricht? Ich sehe, daß Christus im Evangelium, das mir Claudia und Vera oft vorlesen, sicher die Armut liebte; aber das Elend der Menschen, das ertrug er nicht. Es besteht ein Unterschied darin, ob man arm ist, oder ob man seinem Baby nichts anderes als gezuckertes Wasser geben kann, und man gibt ihm Wasser und weiß, daß es sterben wird.«

Während Severina diesen Brief im Nordosten Brasiliens diktierte, diskutierten die Landwirtschaftsminister der neun reichen, in der Europäischen Gemeinschaft zusammengeschlossenen Länder darüber, welcher Staat wieviel tausend Tonnen hochwertiger Nahrungsmittel vernichten darf, um die Preise künstlich hochzuhalten.

Rund zwei Drittel der derzeit etwa vier Milliarden Menschen leben in Armut. Zweieinhalb Milliarden Männer, Frauen und Kinder befinden sich dadurch in Lebensgefahr. Dorothee Sölle erklärte in Vancouver: »Sie haben Hunger, sie sind ohne Obdach, sie haben keine Schulen und keine Medizin für ihre Kinder, kein reines Wasser zu trinken, keine Arbeit – und sie wissen nicht, wie sie ihre Unterdrücker loswerden können.«

Unterdrücker – der Duden sieht dafür keine weibliche Form vor. Offenkundig ist Unterdrücken eine typische maskuline Art zwischenmenschlichen Verhaltens.

Die leidlosen Macher

Für Erhard Eppler, einen der Vordenker der SPD und gleichzeitig einen der weltweit geachteten Entwicklungspolitiker, ist dieses Verhalten Folge einer »einseitig männlichen Kultur, die geprägt ist von herrischem, leidlosen Machen und gedemütigtem, machtlosen Leiden«. Das bekommt nicht nur der Mensch zu spüren, sondern auch die Natur, in der er lebt.

Eine für »Global 2000« angefertigte Schätzung deutet darauf hin, daß bis zur Jahrtausendwende zwischen einer halben Million und zwei Millionen Arten – 15 bis 20 Prozent aller auf der Erde lebenden Arten – ausgestorben sein können, vor allem aufgrund des Rückgangs unberührter Lebensräume, aber teilweise auch infolge von Umweltverschmutzung. In »Global 2000« heißt es: »Ein Artenrückgang dieses Ausmaßes ist in der Geschichte der Menschen ohne Beispiel.«

Wie skrupellos die Männer dabei vorgehen, beleuchtet ein Vorfall, der sich in der Region Brasilien ereignete, aus der Severina ihren Brief schrieb. Joseph Collins und Frances Moore Lappé berichten:

»1975 entdeckte der Wärmesensor eines Aufklärungssatelliten der Vereinigten Staaten eine plötzliche und intensive Erhitzung der Erde im Amazonasbecken, wie sie gewöhnlich auf eine bevorstehende vulkanische Eruption hinweist. Eine besondere Bereitschaftstruppe wurde ausgeschickt. Und was fand sie? Einen deutschen multinationalen Konzern, der eine Million Morgen Tropenwald für eine Rinderranch abbrannte. Im Unterschied zum Roden und Abbrennen einiger weniger Morgen durch die Cayapo-Stämme bedeutet das Niederbrennen von einer Million Morgen durch den Konzern den Tod fast der gesammten lokalen Fauna.«

Vor der Selbstvernichtung

Daß sich der Männlichkeitswahn längst zum Gotteskomplex im Sinne Horst Eberhard Richters gesteigert hat, zeigt sich besonders deutlich am Beispiel des Umgangs mit der Kernkraft. Zum erstenmal in der Geschichte der Menschheit sind wir in der Lage, uns selbst zu vernichten. Das führt aber entgegen allen Erwartungen nicht dazu, daß mit dieser Macht vorsichtig umgegangen wird. Die Männer in den Chefetagen der Energie-Konzerne und in den Führungspositionen von Militär und Politik glauben wieder einmal, alles im Griff zu haben.

Mit starrem Blick auf längst zum Selbstzweck gewordene Wachstumsraten wurden weltweit an die 400 Atomkraftwerke gebaut. Zahlreiche weitere Kernreaktoren befinden sich in der Planung. Für den Physiker Fritjof Capra ist die gern als »friedlich« bezeichnete Nutzung der Kernenergie eine »große Gefahr für unser Wohlbefinden«. Capra erklärt in seiner »Wendezeit«: »Kernreaktoren setzen dieselben radioaktiven Elemente frei wie die Abfallprodukte von Atombomben. Tausende von Tonnen dieser toxischen Stoffe haben bereits als Folge nuklearer Explosionen und als Reaktorabfälle unsere Umwelt infiltriert. Da diese Stoffe weiterhin angehäuft werden – in der Luft, die wir atmen, in der Nahrung, die wir zu uns nehmen, im Wasser, das wir trinken –, nimmt auch unser Risiko zu, Krebs und Erbkrankheiten zu erwerben.«

Mit welch aufwendig-theatralischen, in Wirklichkeit aber lächerlich unzulänglichen Maßnahmen sich die Männerwelt auf Atomunglücke vorbereitet, demonstriert ein Katastrophen-Planspiel, das zusammen mit bayerischen Behörden entwickelt wurde.

Die Katastrophe

Samstag, 19 Uhr. Es war ein sonniger Tag im Herbst. Aus nordöstlicher Richtung weht eine sanfte Brise. Das Kernkraftwerk Isar I (KKI) in Ohu bei Landshut liegt friedlich im Schein der untergehenden Sonne. Doch plötzlich flackert fast hundert Kilometer entfernt im Pförtnerzimmer des Münchner Umweltministeriums am Rosenkavalierplatz eine rote Lampe auf. Das Telefon klingelt. Eine Computer-Stimme erklärt dem Pförtner: »Hier spricht der Störmelder des Kernreaktor-Fernüberwachungssystems. Grenzwertüberschreitung beim KKI.«

Die empfindlichen Meßgeräte des Umweltministeriums haben im Kamin des Kernkraftwerks eine hohe radioaktive Strahlung registriert. Die Sensoren melden die Meßwerte sofort an einen Rechner auf dem KKI-Gelände. Auch der Gamma-Dosis-Fühler (ein Strahlungsmeßgerät) im Sicherheitsbereich des Reaktorgebäudes schlägt Alarm. Automatisch wählt der Computer in Ohu über eine Telefonleitung den Zentralrechner am Rosenkavalierplatz an. Bayern bereitet sich auf den Kampf gegen die Katastrophe vor.

Unterdessen informiert der Pförtner per Telefon das ständig besetzte Lagezentrum im Bayerischen Innenministerium. Dort wurde bereits über die Kernkraftwerk-Isar-GmbH und über die Polizei Landshut Alarm ausgelöst . Die Beamten reagieren nach vorliegenden Alarmplänen. Die Experten des Umweltministeriums werden verständigt und besetzen nach spätestens dreißig Minuten die Überwachungssysteme im Keller des Hauses. Immer noch spuckt der Computer neue Zahlen- und Buchstabenkombinationen aus. Der Super-Gau (Gau = größter anzunehmender Unfall) zeichnet sich deutlich ab. Die Radioaktivität nimmt ständig zu. Die gefährliche Wolke wird in Richtung Landshut getrieben.

Eine hektische Betriebsamkeit beginnt. Die Polizeidirektion in Landshut verständigt Feuerwehr, Rotes Kreuz, technisches Hilfswerk und das zuständige Landratsamt. Die Bundeswehr in Landshut macht Panzer und ihre ABC-Trupps startklar. In der Münchner Arabella-Straße werden zwei Strahlenmeßwagen mit Blaulicht und Martinshorn in Richtung Ohu in Bewegung gesetzt. Labor-Personal nimmt seine Plätze ein. Polizeifahrzeuge mit Geigerzähler fahren in die gefährdeten Sektoren zwischen Landshut und Ohu, messen die Strahlung an festgelegten Punkten, geben die Ergebnisse per Funk weiter und nehmen Boden-Proben.

In Landshut wird die Katastrophen-Einsatzleitung installiert. Hier sitzen Experten aller betroffenen Behörden und Organisationen zusammen. Landrat Hans Geiselbrechtinger trifft mit einer Polizeieskorte aus seiner Wohnung bei Vilsbiburg ein. Strahlen-Sachverständige werden mit Polizei-Hubschraubern nach Landshut gebracht.

Polizeikräfte haben die Straße abgesperrt. Dann heulen in den betroffenen Gemeinden die Sirenen – eine Minute lang. Das ist das Zeichen, die Radio-Geräte einzuschalten. Sachlich meldet der Sprecher von Bayern 3: »Im Kernkraftwerk Isar I ist um 19 Uhr ein Störfall eingetreten. Der Landrat des Landkreises Landshut hat Katastrophen-Alarm ausgelöst. Bitte lassen Sie die Geräte eingeschaltet und begeben Sie sich nicht in das Gebiet des Kernkraftwerks.«

Unterdessen ist es schon dunkel. Lautsprecher-Fahrzeuge der Polizei und des Katastrophenschutzes fahren in das bedrohte Gebiet und geben der Bevölkerung neue Anweisungen: »Bitte gehen Sie in Ihre Häuser. Schließen Sie Fenster und Türen. Schalten Sie Heizung, Klima-Anlagen und Ventilatoren aus. Bitte bleiben Sie ruhig. Wir haben die Lage im Griff.«

Doch nur wenig später ertönt in Bayern 3 wieder die Signalton-Folge. Der Sprecher meldet: »Die Umgebung des Kernkraftwerkes Isar I muß evakuiert werden. Bitte bereiten Sie sich darauf vor, das Gebiet zu verlassen. Nehmen Sie nur das Nötigste mit. Fahren Sie mit Ihren Privatfahrzeugen folgende Punkte an . . . oder warten Sie auf den Bus. Die verlassenen Wohnungen werden von der Polizei gesichert.«

Aus einem Arzneimittel-Großhandel in Landshut und vom Zivilschutz-Sanitätslager Frontenhausen werden Kalium-Jodid-Tabletten in das Unglücksgebiet geschafft. Mit den Tabletten wird die Schilddrüse gegen die Aufnahme von radioaktivem Jod blockiert – allerdings nur dann mit garantiertem Erfolg, wenn sie schon eine Stunde vor dem Strahlenunfall eingenommen werden.

Etwa 70 Prozent der Bevölkerung im sogenannten Zentralbereich rund um den außer Kontrolle geratenen Reaktor verlassen das Gebiet im eigenen Auto. Die Flüchtenden werden an Kontrollpunkten abgefangen, auf radioaktive Strahlen untersucht und im Notfall dekontaminiert (entseucht). Der Rest der schätzungsweise 2200 Personen wird in zehn Bussen aus Landshut abgeholt und in das Schulzentrum Ergolding gebracht. Dort steht das Bayerische Rote Kreuz mit einem Notaufnahmelager bereit.

Die Katastrophen-Einsatzleitung im Landratsamt entscheidet: Landshut mit seinen 50 000 Einwohnern muß nicht evakuiert werden. Es besteht keine Gefahr für diese Stadt. Ein Mitglied der Einsatzzentrale atmet auf: »Gott sei Dank, die Evakuierung so vieler Menschen wäre ein Problem gewesen.« Das Chaos ist für solche Fälle schon vorprogrammiert. Wenn eine ganze Stadt panikartig die Flucht ergreift, bricht der Verkehr zusammen. Polizei-Sperrketten werden von den Massen niedergewalzt. Jeder kämpft verzweifelt um seine eigene Rettung. Es gibt Verletzte und Tote. Die Behörden stehen diesen furchtbaren Szenen machtlos gegenüber.

Der Gotteskomplex

Die hilflosen Behörden mit ihren Experten, Katastrophen-Beauftragten und Panzern sind genau dieselben Behörden, die heute – trotz des Unglücks im US-Reaktor auf Three-Miles-Island – voller Inbrunst versichern, so eine Katastrophe sei nach menschlichem Ermessen gar nicht möglich. Sie übersehen dabei, daß Menschen selbst im Wahn des Gotteskomplexes eben doch nicht alles ermessen können. Das wissenschaftlich-rationale Denken, mit dem die Männer operieren, erfaßt nur einen Teil der Welt. Alles, was sich mathematischen Formeln, anscheinend logischen Schlüssen und den Naturgesetzen entzieht, bleibt auch der Macht des Mannes entzogen. Erschwerend kommt hinzu, daß die Männer offensichtlich nur mühsam in der Lage sind, die Folgen ihres Handelns einzuschätzen. Sie zer-

24

gliedern die Welt deshalb in kleine, überschaubare Teile – und verlieren den Zusammenhang aus den Augen.

So haben die Männer, die einen Kernreaktor nach dem anderen bauen, keine Ahnung, wo sie die ausgebrannten Brennstäbe sicher unterbringen sollen. Der Atomabfall muß für alle Zeit aus der Welt geschafft werden – noch nach 500 000 Jahren geben gewisse Kernspaltungs-Produkte lebensbedrohende Strahlung ab.

Der Dioxin-Skandal von Georgswerder im Süden Hamburgs hat gezeigt, daß es anscheinend nicht einmal möglich ist, giftige Chemie-Abfälle zwanzig Jahre lang verschwinden zu lassen, ohne daß Mensch und Natur gefährdet werden. Auf der Sondermüll-Deponie Georgswerder wurde jahrelang unkontrolliert abgekippt, was die Chemie-Konzerne übrig hatten. Unter den gefährlichen Rückständen befand sich auch Dioxin in großen Mengen. Dieser Stoff, der zu den stärksten Umweltgiften gehört, entsteht als Abfallprodukt bei der Herstellung von Unkrautvernichtungsmitteln. Jahrelang ruhte der toxische Müll vor den Toren der Hansestadt, ohne daß sich irgend jemand Gedanken darüber machte. Anfang der 80er Jahre jedoch begannen die Giftfässer zu rosten. Der Inhalt sickerte ins Erdreich und wurde vom Regenwasser ausgewaschen. Der nach damaligen Gesichtspunkten sicher »entsorgte« Abfall war plötzlich wieder da – so gefährlich wie eh und je.

Der Fall Georgswerder ist einer von vielen – und bei weitem nicht der schlimmste. Aber er zeigt, was wir von den jeweils nach männlichem Ermessen perfekten Lösungen zu halten haben: nichts.

Immer behauptet man, eine bessere, eine sicherere Lösung gebe es nicht. Immer gibt es Experten, die für solche Aussagen ihren Namen und ihre Titel zur Verfügung stellen. Und fast immer stellt sich im Rückblick heraus, daß die Fachleute den Mund zu voll genommen haben. Auffällig ist dabei nicht nur, daß die Aussagen der Wissenschaftler oft nur bedingt richtig, wenn nicht völlig falsch sind, sondern auch, daß es sich immer um Männer-Meinung handelt.

Einmal ist schon zuviel

Vollends als Gott fühlt sich der Mann anscheinend, wenn er per Nach-, Vor- und Aufrüstung mit den gigantischen Vernichtungspotentialen von Atomwaffen jonglieren kann.

Nach Schätzungen des Internationalen Friedensforschungs-Instituts SIPRI in Stockholm werden Jahr für Jahr weltweit 500 Milliarden Dollar für Militärausgaben aufgewendet. Die Deutsche Welthungerhilfe hat ausgerechnet, was man mit dem 250sten Teil dieser Summe anfangen kann. Von zwei Milliarden US-Dollar kann man nach diesen Angaben bezahlen:

- ein atombetriebenes U-Boot der Trident-Klasse
- eine Million Paar Zugochsen samt Zuggeschirr und Pflügen
- 200 Millionen landwirtschaftliche Handgeräte wie Hacken, Schaufeln usw.
- die technischen Anlagen um 4 Millionen Hektar Anbaufläche vor Überflutungen zu schützen
- die gesamte Weizeneinfuhr Afrikas im Jahr 1979.

Doch diese unermeßliche Geldsumme steht für solche Zwecke nicht zur Verfügung. Männer-Gehirne haben sich eine Methode der Friedenssicherung ausgedacht, die darauf basiert, möglichst viele, möglichst teure und möglichst gefährliche Waffen anzuhäufen. Schon sind die USA in der Lage, die Sowjetunion gleich mehrfach völlig zu vernichten. Auch die UdSSR ist zum sogenannten Overkill fähig. Daß schon die einfache Vernichtung zuviel ist, scheint den – laut Eppler »deformierten« – Männern nicht einzuleuchten.

Horst Sterns Umweltmagazin »natur« hat im Oktober 1983 den Rüstungswahnsinn in einem grauenvollen Szenarium beschrieben. Militärfachleute schätzen, daß östlich und westlich des Eisernen Vorhangs unterdessen etwa 25 000 Megatonnen nuklearen Sprengstoffes bereitliegen. Die Zerstörungskraft einer Megatonne nuklearen

Sprengstoffs entspricht der einer Million Tonnen des herkömmlichen Sprengstoffs TNT (Trinitrotoluol). Die Atombombe, die 1945 in Hiroshima mehr als 200 000 Menschen tötete, hatte eine Sprengkraft von 12 000 Tonnen TNT.

Die Zeitschrift »natur« nimmt in ihrem Szenarium an, daß ein künftiger Atomkrieg der politischen und militärischen Kontrolle entgleitet – was nicht so unwahrscheinlich ist – und daß 20 000 Megatonnen atomaren Sprengstoffs (die rund 7 000fache Sprengwirkung aller im Zweiten Weltkrieg eingesetzten Waffen) zum Einsatz kommen.

Kriegs-Szenarium

»Zunächst würden auf der nördlichen Halbkugel alle höheren Säugetiere und die Vögel vernichtet – die für sie tödliche Dosis liegt häufig unter der des Menschen. Die Hunderte von Millionen Tierkadaver wären nicht nur ein idealer Nährboden für Viren und Bakterien und damit für Seuchen- und Krankheitserreger aller Art, es würden sich auch die Insekten zunächst schlagartig vermehren. Überlebende Tiere würden entweder an ausbrechenden Seuchen verenden oder an der Sekundärstrahlung.«

»Absterben würden auch die Wälder. Sofern sie nicht schon durch die Hitzewirkungen auf großen Flächen abgebrannt wären, würden die Bäume durch die Strahlung ihre Blätter verlieren und verdorren. Fachleute meinen, daß sich die abgestorbenen Bäume im Sommer sofort selbst entzünden und weiterbrennen würden.«

»Milliarden und Abermilliarden von Tonnen Asche, nur noch nach Kubikkilometern zu fassen, würden in die Luft gewirbelt. Absenkung des Grundwasserspiegels, Bodenerosionen und Verwüstung wären die Folge: Selbst primitivste Formen der Landwirtschaft wären nicht mehr möglich.«

»Die Flüsse würden mit unvorstellbaren Mengen Erdreich buchstäblich zugeschwemmt, das Wasser träte über die Ufer, würde einerseits mit Mineralien überdüngt, andererseits mit strahlendem Material überfrachtet. Folge: Auch die Süßwasserfische würden größtenteils verenden.«

»Jede einzelne der größeren Atomwaffen würde Millionen von Tonnen Erdreich und Staub in die Troposphäre, sogar noch bis in die Stratosphäre hochreißen. Zusammen wären es Tausende von Kubikkilometern. Hinzu kämen die Kubikkilometer an Asche in Folge der riesigen, kontinentalen Flächenbrände. Ein Teil dieses Materials würde zwar relativ rasch wieder als tödlicher radioaktiver Niederschlag absinken, ein Teil aber bliebe Jahre und Jahrzehnte in den oberen Luftschichten, würde den Himmel verfinstern und einen Teil des Sonnenlichts absorbieren.«

»Über die Folgen streiten sich die Wissenschaftler: Die einen halten ein Absinken der durchschnittlichen Klimatemperaturen um bis zu 6,5 Grad Celsius für denkbar, was bedeuten würde, daß sich die Lebenszonen auf einen schmalen Gürtel um den Äquator reduzieren müßten. Wenn aber, so die andere Theorie, die riesigen Staubmengen in der Stratosphäre einen Treibhauseffekt bewirken und die Temperaturen steigen lassen sollten, so wären die geologischen Folgen auch nicht günstiger: In diesem Fall würde das Eis der Polkappen schmelzen, der Pegel der Ozeane stiege an, und das Leben würde auf höher gelegene Gebiete zurückgedrängt. Ein riesiger Teil der Landmasse verschwände.«

»Andere klimatische Änderungen, etwa die Zerstörung der Regenzonen, zu erwähnen, erübrigt sich fast. Immerhin: Das längere Ausbleiben etwa des Monsunregens, eine als wahrscheinlich angenommene Folge, würde ganz Süd- und Südostasien, vielleicht sogar alle Tropenzonen, in eine Wüste verwandeln und 1,5 Milliarden Menschen vermutlich keine langfristige Überlebenschance lassen, obwohl sie nicht unmittelbar Opfer des Nuklearkrieges wären.«

»Explodierender nuklearer Sprengstoff in der Größenordnung von 20 000 Megatonnen würde die Stickstoffmenge der Stratosphäre um über das 20fache erhöhen. Dies würde einen dramatischen Abbau der Ozonschicht bewirken. Das Ozon in der oberen Stratosphäre entsteht, wenn Sonnenlicht auf Sauerstoff trifft. Es filtert den größten Teil der ultravioletten Strahlung aus dem Sonnenlicht heraus, das sonst tödlich für das Leben insgesamt ist.«

»Ein atomares Inferno der angenommenen Größenordnung würde die Ozonschichten nach Schätzungen aufgrund des bisherigen Erkenntnisstandes der Forschung in der nördlichen Halbkugel um 30 bis 70 Prozent, auf der südlichen um 20 bis 40 Prozent abbauen. Dies würde genügen, um alle Lebewesen, selbst die meisten Insekten, erblinden zu lassen; es würde ausreichen, um die Zellteilung weitgehend zu stoppen sowie die Photosynthese der Pflanzen erheblich zu beeinträchtigen.«

»Ein weltweiter Atomkrieg würde also – das jedenfalls steht fest – das gesamte Ökosystem treffen, die Weltmeere, die Wiege allen Lebens, nicht ausgenommen. Denn viele im Wasser lebende Mikroorganismen und wirbellose Tiere reagieren besonders empfindlich auf UV-Strahlung, am empfindlichsten die Einzeller. Diese Kleinstlebewesen stehen jedoch am Anfang der Nahrungskette in den Meeren. Fielen sie aus, so wären die Folgen für die gesamte Meeresfauna unübersehbar.«

»Der warnende Hinweis der Wissenschaft, radioaktive oder ultraviolette Strahlung würde mit Sicherheit auch zu vielfältigen Veränderungen der Erbanlagen bei einer Reihe von Lebewesen führen (Mutationssprünge), ist lediglich insofern von Interesse, als er einen weiteren tödlichen Faktor zu den übrigen hinzufügt: Das Leben würde an einer Vielzahl von Ursachen zugrunde gehen.«

»Es ist wahrscheinlich, daß ein weltweiter Atomkrieg keine Lebensinseln mehr übrig läßt, in denen höheres Leben weiter möglich wäre. Der Mensch jedenfalls könnte mit Sicherheit nicht mehr existieren.«

Wer solche Folgen auch nur theoretisch ins Kalkül zieht, zeigt eine

Perversität der Gedanken, die kaum noch zu übertreffen ist. Unter den Politikern der ganzen Welt jedoch gilt es als völlig normal, von einem »Gleichgewicht des Schreckens« zu sprechen, das ausdrücklich nur dann funktioniert, wenn es auf einer möglichst großen Vernichtungskraft basiert.

Perverses Denken

Das verstehe wer will – die Frauen jedenfalls können diesen »perversen Denknormalitäten«, wie Margarete Mitscherlich-Nielsen es bezeichnet, nicht folgen.

Kein Wunder, daß Frauen in der Friedensbewegung eine wesentliche Rolle gespielt haben und spielen. 1980 erklärten sie in der Berliner »Anstiftung der Frauen zum Frieden«: »Wir sprechen den Männern aller Blöcke das Recht ab, weiter in unserem Namen zu reden ... Die Bundesrepublik Deutschland ist militärisch nicht zu verteidigen. Die vielen Atomkraftwerke und die heute schon hier lagernden Atomsprengköpfe lassen keinen Zweifel zu: Was heute als ›Verteidigungs‹-, ja als ›Sicherheits‹-Politik bezeichnet wird, bedeutet im Kriegsfall die Vernichtung allen Lebens!«

Und die autonome Frauenbewegung der Bundesrepublik befragte die Tagung der nuklearen Planungsgruppe der NATO schriftlich:

— Was treibt die Männerregierungen dazu, Waffen in die Welt zu setzen, die die gesamte Menschheit ein dutzendmal vernichten könnte?
— Was treibt die Männerregierungen dazu, mehr Sprengstoff als Lebensmittel zu produzieren?
— Was treibt die Männerregierungen dazu, die Zerstörungskraft der Hiroshima-Bombe in 35 Jahren auf das Millionenfache zu erhöhen?

Antworten auf diese Fragen sind nicht leicht zu finden. Was treibt Männer überhaupt dazu, sich so zu verhalten, wie sie sich verhalten? Warum haben sie unsere Erde an den Rand des Ruins gebracht? Und weshalb versagen sie gerade jetzt bei dem Versuch, die vom Mann kreierten Probleme zu lösen?

Das Ende der Männergesellschaft

Offenkundig wächst dem Mann heute über den Kopf, was er selbst erschuf. Die Erde dreht sich weiter, aber der Mann denkt und handelt noch wie vor hundert Jahren. Hilflos steht er jetzt vor vollendeten Tatsachen:

— Er hat die Atommeiler gebaut und weiß nicht, wohin mit den radioaktiv verseuchten Abfällen.
— Er hat Wirtschaftssysteme installiert, die vom Wachstum leben, das es nicht mehr gibt.
— Er hat eine Medizin entwickelt, die Symptome kuriert, aber dabei übersieht, daß Krankheiten nur ein Alarmzeichen für eine Krise des ganzen Menschen sind.
— Er hat sich die Natur untertan gemacht und ist auf dem besten Weg, seine eigene Umwelt zu zerstören.
— Er entwickelt neue chemische Stoffe und kann ihre Nebenwirkungen nicht erfassen, geschweige denn verhindern.
—Er baut immer schnellere Autos, größere Flugzeuge und gewaltigere Kraftwerke und muß jetzt riesige Waldareale einer flächendeckenden Luftverschmutzung opfern.

Der Katalog männlicher Mißerfolge ließe sich beliebig verlängern. Er ist ein endloser Beleg dafür, daß die Männergesellschaft am Ende ist.

Das psychische Ende

»Die patriarchale Männlichkeit ist ein destruktives Ideal.«

Wolfgang Schmidbauer

Der Trapez-Test

Der amerikanische Psychologe Robert May legte in den 60er Jahren einer Gruppe männlicher und weiblicher College-Studenten im Alter von ungefähr 18 Jahren ein Bild vor, das einen Mann und eine Frau beim Trapezakt zeigt. Vor dem dunklen Hintergrund eines Zirkuszeltes schwebten die beiden Artisten frei in der Luft. Zu diesem Bild sollten die Studenten eine Phantasie-Geschichte aufschreiben. Robert May ging davon aus, daß Studentinnen und Studenten unterschiedliche Gedanken beim Betrachten eines Bildes haben, aus denen sich Rückschlüsse ziehen lassen. Das Ergebnis des Psycho-Tests bestätigte seine Erwartungen.

Eine typische männliche Story: »Dieses Bild vermittelt den Eindruck einer dynamischen, intimen Beziehung zwischen dem Mann und der Frau – deshalb sind ihre Körper im Licht und der Rest im Dunkeln. Dieses Bild ist der Höhepunkt einer Entwicklung, in deren Verlauf sie sich immer besser verstanden haben. Beide gehen völlig in dem Gedanken ihrer Gemeinsamkeit auf. Sie sind völlig eins. Von solcher Höhe aus kann es nur abwärts gehen.«

Die Geschichten der Frauen waren komplexer. Auszüge aus vier Storys von Studentinnen zeigen das.

»Mary lernt den Wechsel von einem Trapez zum anderen. Sie ist im Begriff, sich auf das andere zu schwingen, als ihr Lehrer, der alte Herr Picken, von einem plötzlichen Unwohlsein befallen wird. Durch einen glücklichen Umstand kann sie ihn vor dem Sturz bewahren. Er wird sie zu einer Zirkusberühmtheit ausbilden.«

»Ein herrlicher Zirkusakt, waghalsig und schön. Glücklicherweise hängt der Mann mit dem Kopf nach unten, sonst würde man sehen, daß er nicht mehr so jung ist. Er ist nämlich ihr Vater und keine solche Attraktion wie sie. . .«

»Was denkst du, Liebste? Daddy rutscht aus, Mama stößt in der für sie reservierten Loge einen Schrei aus, Tony (ihr Freund) läßt seine Zigarre fallen, Petronella rettet Vater.«

»Sie hat fürchterliche Angst. Sie weiß tief in ihrem Innern, daß er sie fangen wird, doch dieser Augenblick der Freiheit in der Luft, tief unter ihr die Erde, ist schrecklich. Als er dann ihre Hände ergreift, fühlt sie sich außerordentlich erleichtert.«

In 61 Prozent der männlichen Geschichten haben die Artisten einen Höhepunkt erreicht, von dem aus es »nur abwärtsgehen« kann. Die Trapezkünstler haben sich selbst zum Gipfel emporgearbeitet. Von hier aus gibt es nur noch den Niedergang. Häufig kommt es in den Studenten-Storys auch zum Sturz. Die Psychologen sprechen vom »Ikarus-Komplex«. Ikarus flog mit seinen Schwingen zur Sonne empor, doch das Wachs schmolz, und er stürzte in Meer. Der US-Psychologe David McClelland deutet das so: »Das ist die männliche Leistungsvorstellung. In gerader Linie steigt er auf zum Gipfel des Ruhms, bis er sich dort nicht mehr behaupten kann und abstürzt.«

70 Prozent der Frauen-Geschichten im May-Test hatten eine andere – typische – Gemeinsamkeit: Der drohende Sturz kann durch das Mädchen oder ihren Partner verhindert werden. Die Krise gebiert Freude und Erleichterung.

Der Mann, das zeigt dieser Test, arbeitet sich zielstrebig nach oben vor. In einem ähnlichen Versuch wies Abigail Stewart nach, daß er dabei planvolles Handeln einsetzt und Kausalität erkennen läßt. Auf dem Gipfel jedoch beginnt zwangsläufig das Ende. Ein »Happy-End« haben dagegen die Frauen vorgesehen. Das Schicksal, ein »glücklicher Umstand«, wird zur Rettung aus der Gefahr, wenn menschliche Macht nicht mehr ausreicht.

Logisches und planvolles Handeln und dynamisch-aggressives Streben nach oben – Tugenden, die die Männer gern für sich beanspruchen – führen offenbar nicht weiter. Dramatisch belegt wird diese Aussage vom Zustand unserer Welt. Das Ergebnis männlichen Strebens ist Chaos, Umweltzerstörung und Kriegsgefahr. Wie das Kaninchen vor der Schlange sieht der Mann die Probleme – aber er kann nichts dagegen unternehmen. Gelähmt verhält er sich wie er sich schon immer verhielt – und riskiert dabei sein eigenes Ende.

Der Todessturz der Samenzellen

Möglicherweise ist Zerstörung und Selbstzerstörung schon im Wesen des Mannes angelegt. Einige Forschungsergebnisse weisen darauf hin. Andere Wissenschaftler vermuten dagegen eher, daß Aggression, unbeugsamer Wille zur Macht, Selbstüberschätzung und das Zerstörerische im Mann anerzogen sind. Was den größeren Einfluß ausübt, ist umstritten. Zweifelsfrei steht aber fest, daß der Mann destruktiver handelt als die Frau. Der Münchner Psychoanalytiker Wolfgang Schmidbauer behauptet unwidersprochen, »daß unser patriarchalisches Männlichkeitsideal zerstörerisch ist. Es fordert eine zur ›Stärke‹ überhöhte Gefühlskontrolle, eine Vorherrschaft von Alarmbereitschaft, Wettbewerbsfähigkeit, technischem Denken, die insgesamt mehr einem maschinenmäßigen Perfektionsstandard als der Eigenart eines lebendigen Organismus entsprechen«.

Für einige Tiefenpsychologen deutet sich die Malaise des Mannes schon bei der Zeugung an. Im Moment der Ejakulation werden durchschnittlich sieben Gramm Samenflüssigkeit herausgeschleudert. Das sind genügend Spermien, um (theoretisch und bei sparsamster Bewirtschaftung) die mehrfache Bevölkerung der Bundesrepublik zu zeugen. Für den Schweizer Psychologen Gustav Hans Graber geschieht hierbei jedoch eine Art Naturkatastrophe. Millionen von Samenzellen stürzen sich in den sicheren Tod. Nur eine einzige erreicht die weibliche Eizelle, bevor sie stirbt. Es ist diejenige, die am meisten Energie aufweist und am raschesten das Ziel erreicht. Nur ihr glückt ein Fortleben. Hans Gustav Graber spricht von einem »Fortleben nach dem Tod«. Weiter sagt er: »Sie hat aktiv das ›Stirb und Werde‹ provoziert, das ihr mit der Kopulation zuteil wird. Die Eizelle erleidet es passiv.« Graber sieht darin »Urverhaltensweisen des Männlichen und des Weiblichen«.

Die männlichen Samenzellen drängen also nach einer Rückkehr in den Mutterleib, dorthin, wo ihr Träger, der Mann, herkam. Aggressiv suchen sie ihren Weg in den Tod. Der Mann ist sich, so diese

Theorie, unterbewußt dieses Tatbestandes sicher. Er leidet unter seinem Zwang zur Regression, zur Rückkehr in das Ewig-Weibliche. Und er versucht – vergeblich – davor zu flüchten und gleichzeitig zu zerstören, was ihn zu zerstören droht. Daraus resultiert nach Graber der »hypertrophierte männliche Machtwille, der Ungeist, der alles, was Natur hieß – vor allem die Frau –, entrechtete, in die Knie zwang und ausraubte«.

Die Naturkatastrophe, die seine Samenzellen vernichtet, hat den Mann dazu gebracht, in einer Art überzogener Vergeltungsaktion die Natur in einen katastrophalen Zustand zu treiben. Daß er dabei selbst auf der Strecke bleiben könnte, das hat der Mann übersehen.

Der Mann – eine unvollkommene Frau

Schuld an dieser geistigen Kurzsichtigkeit ist vielleicht ein Phänomen, das Wissenschaftler im männlichen Gehirn entdeckt haben: Rechte und linke Hirnhälfte sind beim Mann weniger stark miteinander verbunden als bei der Frau. Diese Faserbrücke, das sogenannte »Corpus callosum« ist bei Frauen eindeutig breiter und außerdem am Ende knollig verdickt. Über den Verbindungsstrang zwischen rechts und links ist zwar noch nicht allzuviel bekannt, es scheint aber sicher zu sein, daß er für die Kommunikation zwischen den beiden Hirnhälften eine bedeutsame Rolle spielt.

Die Wissenschaftler stellen sich das »Corpus callosum« ähnlich vor wie eine Telefonleitung. Die kopfinterne Verbindung des Mannes entspricht in diesem Vergleich einem betagten Kupferkabel. Bei der Informationsvermittlung ist die Leitung häufig überlastet. Das »Corpus callosum« sendet ein Besetzt-Zeichen. Frauen dagegen verfügen über ein modernes Glasfaserkabel mit höchster Übertragungskapazität. Das weibliche Hirn eignet sich deshalb, so die Spekulation, besser zum vernetzten, ökologischen Denken. Das männliche Gehirn taugt mehr zum Expertentum, das leicht zur unerwünschten Fachidiotie verkommt.

Tatsache ist jedenfalls, daß bei Frauen einseitige Hirnverletzungen zu weniger Ausfallerscheinungen führen als bei Männern, deren stärker differenzierten Hirnhälften nicht so gut füreinander einspringen können.

Der Mann ist, so betrachtet, nur ein unvollkommenes Weib. Wo die Frau in der Lage ist, viele Daten zu erfassen, zu koordinieren und zu verarbeiten und deshalb aufgrund ihres umfassenden Informationsstandes harmonisch und in einem höheren Sinn richtig reagieren kann, ist der Mann darauf angewiesen, die Welt in kleine, für ihn begreifbare Teile zu zerlegen. Ein umfassendes Bild überfordert seine Kapazitäten. Er hat sich deshalb angewöhnt, sich auf Sachaussagen zu konzentrieren. Das Empfinden und Verhalten von Menschen ist viel zu kompliziert für den Mann.

Überrumpelte Männerwelt

Fixiert auf Dinge, die er in immer kleinere Teile zerlegt, hat der Mann längst den großen Zusammenhang aus den Augen verloren.

Völlig überrumpelt ist die Männerwelt aber, wenn sie beim Zerlegen der Welt plötzlich feststellt, daß sie es sich mit ihrem analytischen Denken zu einfach gemacht hat. So ist es den Physikern gegangen, als sie Atome immer weiter auseinandernahmen und letztendlich kein leicht faßbares Ur-Teilchen vor sich sahen, sondern wieder das ganze Universum vor Augen hatten. Die subatomare Welt besteht nämlich aus einem unglaublich komplizierten Gewebe von Wechselbeziehungen. Heisenberg ist es gelungen, die Grenzen der klassischen Vorstellungen auf eine präzise mathematische Formel zu bringen, die heute als Unschärferelation bekannt ist. Damit hat er das Männerbild der Welt noch einmal stabilisieren können.

Ähnlich unglücklich stehen die Mediziner da, die den menschlichen Körper bis zur letzten Zelle zu kennen glauben und mit einemmal vor Problemen stehen, die sich mit ihrem Detailwissen nicht mehr erklären lassen. Das ist mit ein Grund dafür, daß unsere Ärzte hilflos vor Krankheiten wie Krebs oder Aids kapitulieren, und daß immer mehr Menschen – vor allem Frauen – sich von der detailbesessenen, symptom-orientierten Schulmedizin abwenden und bei Heilpraktikern ganzheitliche Hilfe erhoffen.

Der Mann als Sozialfall

Detailinformationen haben auch die Psychologen angehäuft, als sie damit begannen, das Innere des Mannes zu erforschen. Abgesehen davon, daß sie bei ihrer Forschung im allgemeinen das männliche Verhalten als »Norm« betrachten und das weibliche Verhalten als Abweichung deklarieren, ist es ihnen kaum gelungen, die einzelnen Teile der männlichen Psyche, die sie so zielstrebig seziert haben, wieder zu einem zusammenhängenden Bild zu vereinen. Deshalb stehen heute zahlreiche Einzelinformationen über den Mann zur Verfügung, deren Herkunft und deren Sinn oder Unsinn noch kaum geklärt ist.

Erforscht ist, daß Jungen praktisch von Geburt an aktiver, aggressiver und unternehmungslustiger als Mädchen sind. Mädchen sind mehr den akustischen, Jungen mehr den optischen Reizen aufgeschlossen. Es ist auch erwiesen, daß die Haut von Mädchen im Säuglingsalter sensibler ist; Säuglinge männlichen Geschlechts sind in der Norm unruhiger und bleiben länger wach.

Zunächst sind diese Unterschiede kaum zu erkennen, aber Eltern verstärken die geschlechtsspezifischen Differenzen unbewußt. Mädchen werden häufiger gestreichelt, Jungen zur Bewegung angeregt; und selbst wenn man später noch versucht, das Steuer herumzureißen, ändert es kaum noch etwas an der Situation. Eine Forschergruppe um P. S. Sears hat bereits 1951 festgestellt, daß Jungen schon mit drei, vier oder fünf Jahren wesentlich wilder und gewalttätiger mit Puppen spielen als ihre weiblichen Altersgenossen. Auch ansonsten bevorzugen Jungen rauhe Spiele, physisch anstrengende und abenteuerliche Tätigkeiten oder zumindest Geschichten, die davon handeln. Sie veranstalten häufiger Überschwemmungen im Bad, spielen Rennwagenfahren und Fangen und zerstören später in der Schule mehr Möbel als ihre Klassenkameradinnen.

Schon im Kindesalter fühlen sie sich häufiger »ihrer selbst völlig sicher« und suchen öfter Streit mit Mädchen. Dementsprechend sieht auch die Wahl ihrer Berufe aus: Sie werden Soldaten, Ingenieure (zur Befriedigung ihrer Abenteuerlust) oder Juristen (um Spielraum für ihre aggressiven Neigungen zu haben). Immer noch sind die Berufsanfänger in diesen Sparten zu 95 Prozent männlichen Geschlechts – zumindest in den USA.

Frauen dagegen weisen solche Interessen und Berufe viel seltener auf. Sie interessieren sich weniger für sich selbst als für andere Menschen. Sie schenken den Vorgängen in ihrer Umgebung mehr Aufmerksamkeit und modifizieren ihr Verhalten entsprechend. Männer sind, das hat der Psychologe David McClelland festgestellt, »häufig taub, stumm und blind gegenüber den Dingen, die um sie herum vorgehen, weil sie sich so verbissen und selbstbehauptend auf irgendeine Aufgabe konzentrieren«.

Die Frau, der Sprache weit mehr mächtig als der Mann, scheint deshalb der soziale Mensch zu sein, der der Gemeinschaft dient. Der Mann dagegen ist ein Sozialfall. Einseitig fixiert auf sich selbst, hat er den Kontakt zur Umwelt durch den Umgang mit mathematischen Formeln und technischen Fragen verloren. Schlimmer noch: Er merkt nicht einmal, daß er vor lauter Ich-Bezogenheit sein wahres Inneres nicht mehr erkennen kann. Das will er auch gar nicht. Vorsichtshalber gestattet es sich der Mann nicht, Gefühle zu haben, geschweige denn zu zeigen. Das funktioniert aber nur bis zu dem Zeitpunkt, an dem er den Gipfel seines Erfolges erreicht hat. Spätestens beim mühsamen Abstieg gerät der Mann in die Krise. Ein typisches Beispiel dafür hat Wolfgang Till vom Kriseninterventionszentrum Wien in einem Bericht an das österreichische Sozialministerium aufgezeichnet.

Das Wiener Kriseninterventionszentrum sieht seine Hauptaufgabe darin, selbstmordgefährdeten Menschen zu helfen. Einer der 1 100 Fälle aus dem Jahr 1982 ist der Fall Otto.

Der Fall Otto

Otto ist ein etwa dreißigjähriger Mann, von Beruf Hilfsarbeiter, verheiratet mit einer ungefähr zehn Jahre jüngeren Frau, und aus dieser Ehe gibt es ein kleines Kind. Der Anlaß dafür, daß er zu mir ins Kriseninterventionszentrum gekommen ist, war, daß die Frau ihn einige Tage zuvor verlassen hatte. Sie hat das Kind bei ihm zurückgelassen und ist zu einem anderen Mann gezogen.

Otto hat das sehr getroffen, und er konnte dieses Verhalten überhaupt nicht einordnen. Er wußte nicht, wieso die Frau ihn verlassen hatte, weil er der Meinung war, die Ehe sei in Ordnung gewesen. In dieser Situation hat er sich verständlicherweise depressiv gefühlt, war unruhig und hatte Schlaf- und Konzentrationsstörungen – Symptome, die sich wiederum negativ auf seine Leistungsfähigkeit auswirkten und ihm Schwierigkeiten in der Firma bereiteten.

Sein Wunsch war nun, jemanden zu finden, der mit seiner Frau sprach und ihr sagte, »sie solle doch vernünftig sein und gefälligst wieder zurückkommen, weil so einen guten Mann wie ihn finde sie nicht mehr und eine so gute Ehe, wie die beiden sie geführt hätten, das gäbe es doch kein zweites Mal«. Außerdem wollte er eine medikamentöse Behandlung gegen seine Symptome, besonders gegen die Schlafschwierigkeiten und die Unruhe.

Am Beispiel des Herrn Otto können einige Eigenschaften, Verhaltensweisen, Einstellungen und Problemlösungsstrategien aufgezeigt werden, die mir für einen Mann typisch erscheinen.

Herr Otto konnte gar keine Gefühle äußern und zulassen. Mir war klar, daß er durch die plötzliche Trennung von seiner Frau sehr getroffen, traurig und gekränkt war. Das aber war mit ihm nicht besprechbar; diese Gefühle gab es für ihn nicht, er verleugnete sie völlig. Weinen wäre für ihn nicht in Frage gekommen. Wut, also aggressive Gefühle, konnte er am ehesten äußern.

Außerdem war er – wie ich bei Männern häufiger erlebe als bei Frauen – nicht in der Lage, die Schwierigkeiten, die er in der momentanen Situation hatte, in irgendeinem Zusammenhang mit seiner bisherigen Lebensgeschichte zu sehen. Im Verlauf einiger Gespräche stellte sich aber heraus, daß es diesen Zusammenhang sehr wohl gab. So war die Ehe nicht so gut, wie er sie mir dargestellt hatte. Es war immer wieder zu Streitereien zwischen ihm und seiner Frau gekommen, bei denen er sehr aggressiv reagiert hatte, wobei es bis zu körperlichen Gewalttätigkeiten gekommen war und er seine Frau verprügelt hatte.

Für ihn war das in Ordnung, aber für sie nicht. Und das dürfte auch mit ein Grund gewesen sein, warum sie ihn verlassen hatte. Typisch »männlich« war somit auch seine Umgangsweise mit Gewalt. Er konnte seine Wut nur durch körperliche Gewalt äußern.

Typisch dafür, daß er wenig Zusammenhang zwischen seinen Problemen und seiner gesamten Lebensgeschichte sah, war auch, daß sich herausstellte, er habe schon immer große Kontaktschwierigkeiten gehabt, so daß er außer seiner Frau, dem Kind und seinen Eltern eigentlich gar keine Bezugsperson hatte. Seine Frau war auch seine erste Frau, und er hatte vor der Ehe auch keine Freundin. Die Möglichkeit, jemals in seinem Leben eine nähere Beziehung zu einer anderen Frau herzustellen, war für Otto unvorstellbar. Diese Schwierigkeiten, Kontakte anknüpfen zu können, wollte er aber nicht besprechen.

Als typisch »männlich« sehe ich auch, daß er in der Ehe die Rolle des Stärkeren innehatte, zumindest hat er das so dargestellt. Er sah sich als einen väterlichen, gütigen Mann, der sich immer um Frau und Kind sorgte, während er seine Frau eher als »armen, schüchternen Hasen« darstellte.

Typisch »männlich« war es auch, daß er zu uns kam, als es für die Beziehung schon zu spät war, als die Frau bereits ausgezogen war und von ihm nichts mehr wissen wollte. Bei den Schwierigkeiten, die es schon weit früher in der Ehe gegeben hatte, war er aber nie bereit gewesen, diese zu besprechen oder eine Beratung aufzusuchen.

Typisch »männlich« bei Herrn Otto fand ich außerdem, daß er nur sehr wenig Problemlösungsstrategien kannte: Besäufnisse, körperliche Gewalt und Medikamentenkonsum – also mehr destruktive als konstruktive Methoden.

Die Negativ-Kartei

Wenn man noch einmal zusammenfaßt, was Wolfgang Till vom Wiener Kriseninterventionszentrum als typisch männlich aufgelistet hat, entsteht folgende Negativ-Kartei:

— Männer können keine Gefühle zulassen mit Ausnahme von Aggression.
— Männer können den Zusammenhang zwischen ihrer Lebensgeschichte und ihren Problemen nicht erkennen.
— Männer können Gewalt nur schlecht kontrollieren.
— Männer halten sich – ob zu recht oder zu unrecht – in ihren Beziehungen für den stärkeren Part.
— Männer geben Krisen erst dann zu, wenn es zu spät ist.
— Männer verfügen nur über ein mageres Repertoire an Problemlösungsstrategien: beispielsweise Alkohol, Medikamente oder Prügel.

Daß dies alles tatsächlich allgemeingültige Aussagen sind, die nicht nur für Herrn Otto gelten, demonstriert ein Blick auf die Repräsentanten unserer Männergesellschaft, die Politiker.

— Aggression: Wer in den Protokollen der Bundestagsdebatten bei Beiträgen der Grünen auch auf die Zwischenrufe achtet (vor allem der CDU/CSU), spürt die oft gar nicht mehr versteckte Aggression unserer Volksvertreter.
— Lebensgeschichte: Der mangelnde Überblick über den Zusammenhang zwischen eigenem Verhalten und den Folgen zeigte sich nach jeder Wahl, besonders deutlich der nach der Oberbürgermeisterwahl in München. Als nach dem kläglichen Abschneiden des CSU-Kandidaten Kiesl die Schuld verteilt werden sollte, wurde diese nicht etwa beim Wahlverlierer oder seiner Partei gesucht, sondern beim Wetter. Die Wähler seien zum Skifahren gegangen, anstatt auf dem Wahlzettel das Kreuzchen an der richtigen Stelle zu machen. Beim zweiten Wahlgang, der Stichwahl, zeigte sich, daß diese Argumentation falsch war. Trotz einem Wetter, das nicht dazu reizte, auf die Skipiste zu gehen, gewann der Gegner Kiesls, Georg Kronawitter von der SPD, die absolute Mehrheit – diesmal mit noch größerem Vorsprung.
— Der Stärkere sein: Egal, wohin man den Blick richtet – unter unseren Politikern ist jeder nicht nur der Stärkere, sondern der Stärkste überhaupt.
— Krisen: Daß Männer immer dazu neigen, Krisen zu spät zuzugeben, demonstriert besonders anschaulich das Verhalten der Politiker, wenn es um unsere Umwelt geht. Jahrelang hat der Münchner Forstbotaniker Professor Schütt zusammen mit seinem Göttinger Kollegen Professor Ulrich die Verantwortlichen vor einem Waldsterben gigantischen Ausmaßes gewarnt. Erst als es zu spät und ein beachtlicher Teil unserer Wälder schon tot war, haben die Politiker eine »Kommission« einberufen.
— Problemlösungsstrategien: Die Zahl der Alkohol-Konsumenten

ist unter unseren Politikern Legion. Über den Griff zur Flasche herrscht aber interfraktionelle Schweigepflicht. Nur manchmal kommt ans Tageslicht, wer hochprozentige Problemlösungsstrategien anwendet. Spektakulär wurde das deutlich, als der CSU-Generalsekretär 1983 betrunken auf der Autobahn mit seinem Mercedes ein Goggomobil überrollte. Der Goggo-Fahrer bezahlte mit seinem Leben. Wie die Probleme etwa mit Gegnern von Atomkraftwerken gern gelöst werden, zeigte regelmäßig das Fernsehen: Polizeitrupps mit Knüppeln demonstrierten vor den Kameras Staatsgewalt.

Angst vor dem Ego

Ein Jahr lang reiste die Pariser Bestseller-Autorin Christiane Collange quer durch Frankreich. Rund zweihundert Männer interviewte sie in dieser Zeit, um Material für ein Buch mit dem Titel »Ça va les hommes?« (etwa: »Männer, wie geht's euch?«) zu sammeln.

Schon nach kurzer Zeit merkte Christiane Collange, wie schwierig es ist, Männer dazu zu bringen, über sich selbst zu sprechen. »Frauen erzählen sofort und spontan«, weiß Madame Collange jetzt, »aber Männer fliehen, weichen aus, schweifen ab, drücken und verstellen sich.« Bei einigen ging die Zurückhaltung gar bis zur völligen Stummheit.

Die meisten Interviewten versteckten sich zunächst hinter einem verbalen Rauchvorhang. Sie ließen sich langatmig über Themen wie Inflation, Erdöl und die Möglichkeit eines dritten Weltkrieges aus.

Die Scheu der Männer, ihr Inneres auszubreiten, führt Christiane Collange auf mangelnde Übung zurück. »Man beugt sich nur selten über ihr Ego«, vermutet sie und erläutert: »Während sich Frauenmagazine ausführlich mit den Freuden, Frustrationen und Sehnsüchten ihrer Leserinnen beschäftigen, appellieren die Männerzeitschriften nur an Intellekt, Libido und Konsuminstinkt ihrer Leser.«

Ähnliche Erkenntnisse gewann die österreichische Sozial-Staatssekretärin Franziska Fast, als sie die Männer der Alpenrepublik unter die Lupe nehmen ließ. Neben dem Verbergen eigener Gefühle entdeckten die Fachleute im Auftrag der Staatssekretärin noch ein ganzes Bündel anderer fragwürdiger männlicher Verhaltensweisen:

— gockelhaftes Imponiergehabe, das oft die vernünftige Einsicht verdrängt
— unnötiger Berufsstreß, der oft psychosomatische Fehlsteuerungen und schwere Krankheiten verursacht
— Schmerzanfälligkeit, die zu Wehleidigkeit führt
— der Fluch des übertrieben leistungsorientierten Männlichkeitsideals
— ein selbstaufgebautes Bild vom Mann, das dem Mann mit einer ganzen Liste von Eigenschaften, die als »männlich« gelten (mutig, furchtlos, draufgängerisch, aggressiv) selbst im Weg steht
— Potenzangst.

Für Franziska Fast ist diese Auflistung männlichen Fehlverhaltens aber weder durch Vererbung noch durch Männermagazine verursacht. Sie glaubt die Ursache der männlichen Fehler in der Erziehung entdeckt zu haben: »Auch heute noch wird vom kleinen Jungen erwartet, daß er durchhält, daß er allein zurechtkommt, daß er nicht weint. Weiter geht es in der Schule. Anstatt Solidarität zu lernen – die Wissenschaftler nennen es gemeinsame Krisenbewältigung – wird vom Jungen erwartet, daß er sich durchsetzt und möglichst viel leistet und erfolgreich ist. Kein Wunder also, daß solcherart erzogene Männer später einmal, wenn sie in eine Krise geraten, von anderen keine Hilfe erwarten. Ja, daß sie immer noch unter dem Druck stehen, rasch zu entscheiden und die einmal getroffene Entscheidung konsequent durchzuführen.«

Stammtisch-Jäger

1981 wurden 73 Prozent aller Selbstmorde in Österreich von Männern begangen. Weltweit liegt die Quote männlicher Selbstmorde zu weiblichem Suizid bei 2,6 zu 1. In der Bundesrepublik sind die Zahlen ähnlich. In der Schweiz hat die Zahl der Selbstmorde sogar schon die der Verkehrstoten übertroffen.

Der hohe männliche Anteil am Suizid hat mehrere Gründe. Zunächst sieht es aus, als würde der Mann mit allgemeinen gesellschaftlichen Problemen weniger gut fertig als das sogenannte »schwache« Geschlecht. Dabei hat der Mann diese Probleme im wesentlichen selbst zu verantworten.

Der Mann verhält sich seit Jahren »asozial«. Er zieht sich – Soziologen beobachten das mit zunehmender Sorge – immer mehr aus seiner Umgebung zurück ins Berufsleben. Der Verhaltensforscher und Eheberater Jens Corssen aus München hat festgestellt: »Der Mann von heute versteht sich noch immer hauptsächlich als Geldverdiener und Familienernährer. Als der starke, überlegene Mann. Diese Rolle dient ihm als Alibi für ein ausgesprochen unsoziales Verhalten. Denn allen menschlichen Auseinandersetzungen und Berührungspunkten (durch Nachbarn, Freunde, Kinder, Lehrer, eigene Frau) versucht er durch sein Engagement im beruflichen Bereich zu entkommen.«

Im Beruf ist aber nichts mehr so, wie es früher einmal war. Angeblich männliche Fähigkeiten, die die Männer bislang für sich reklamiert hatten, haben an Wert verloren. Muskelstärke und Aggression sind kaum noch gefragt. Darum können heute die Frauen problemlos mithalten. Obwohl die Intelligenztests von männlichen Psychologen nach männlicher Norm für Männer entworfen worden sind, haben Frauen längst denselben IQ-Stand erreicht. In vielen Positionen überflügeln sie bereits die Männer, denen sie die Fähigkeit zu vernetztem Denken voraushaben. In unserer immer komplizierter miteinander verwobenen Umwelt ist dieser weibliche Vorsprung äußerst wichtig.

Erschwerend dazu kommt, daß das Berufsleben einen zeitlich immer geringeren Teil unseres Lebens in Anspruch nimmt. Schon sind zehn Prozent aller Deutschen arbeitslos und können sich nicht mehr in ihre Arbeit flüchten. Auch für die restlichen Deutschen im arbeitsfähigen Alter bricht eine Freizeit-Gesellschaft an, in der jeder sich mit sich selbst und mit seiner Umwelt beschäftigen muß. An dieser Aufgabe zerbrechen vor allem Männer.

Anstatt sich auf die neue Situation einzustellen, haben viele Männer einen Ausweg gesucht, der sie keineswegs weiterbringt, sondern um Jahrhunderte zurückwirft. Sie treffen sich in Männergesellschaften, werden zu Kegel- und Stammtischbrüdern, zu Sportsfreunden, Mit-Zockern und Theken-Kumpels.

Für die Wissenschaftler ist das nichts anderes als ein Trupp von Urmännern, der sich bei Bier und großen Sprüchen an einem Ort versammelt, der Gelegenheit gibt, die Wunden des Lebens zu behandeln und die Erfahrungen der Jagd auszutauschen. Tiere, die eigentlich flinker und stärker waren, ließen sich in grauer Vorzeit nur gemeinsam überlisten; in der Jagdgesellschaft mit verteilten Rollen, ging das besser.

Daß Frauen bei jenen Gesellschaften der Urmänner nicht mit von der Partie waren, erklärt sich aus der Tatsache, daß sie Kinder bekommen konnten. Sie waren zu wertvoll, um bei diesem gefährlichen Geschäft geopfert zu werden. Sie mußten die Art erhalten.

Am Stammtisch erwacht der Steinzeitjäger wieder. Das Jagdmotiv steckt im Fußball genauso wie im Skatspiel. Daraus erklärt sich auch, warum Männer sich derart über einen verpatzten Stich beim Kartenspiel oder über eine verfehlte Torchance aufregen können. Da hat jemand den gemeinsamen Jagderfolg verschenkt, das Wild ist entkommen.

Wenn Männer unter sich sind, geschieht das, um über die Jagdwerkzeuge zu reden – über Autos und Sportgeräte. Sie tauschen die Jagderlebnisse unserer Zeit aus. Erlebnisse mit Mädchen, die sie »umgelegt« haben oder die ihnen zumindest »in die Falle« gegangen sind. Berufserlebnisse – Kollegen die ausgetrickst werden konnten. Daß am Stammtisch nach Steinzeit-Manier die Probleme des Mannes nicht gelöst werden – das zu sehen, ist dem Urzeit-Jäger nicht möglich. Er merkt allerdings, daß es irgendwie nicht mit rechten Dingen zugeht. Dumpf ahnt er, daß an seinem Rollenbild einiges nicht mehr stimmen kann.

Beziehungsfallen

Immer häufiger verstrickt sich der Mann in Beziehungsfallen. Die Soziologen sprechen von »double bind«. Das heißt: Es werden an den Menschen widersprüchliche Anforderungen und Erwartungen gestellt, die er eben wegen ihrer Widersprüchlichkeit gar nicht erfüllen kann.

Der Mann wird – wie drei Pädagogen in der Zeitschrift »päd. extra« klagen – zum »irritierten Macker«. Er weiß nicht mehr aus noch ein, wenn er von den Frauen keine eindeutigen Signale erhält. »Komplizierte« Situationen wie diese überfordern seine Logik:

— Frauen deuten ihm anscheinend durch erotische Körpersprache an, daß sie beachtet werden sollen. Werden sie nicht ausreichend beachtet, sind sie als »graue Maus« gekränkt. Wird ihnen ein Kompliment entgegengebracht, ergießen sie ihren Zorn über die Erniedrigung, die ihnen die aggressiven Männer bereiten, die immer nur das Sexualobjekt in ihnen sehen wollen.

— Eine Frau verlangt von ihrem Mann, daß er sexuell aggressiv sein soll, aber wenn er in der Aggressivität zu heftig wird, zerstört er damit die Stimmung.

Nicht daran gewöhnt, komplexe Situationen zu verarbeiten, kann sich der Mann nur selten selbst aus der Beziehungsfalle befreien. Fremde Hilfe anzunehmen, fällt ihm noch schwerer. Das hat er nicht gelernt. Er ist zum Einzelkämpfer erzogen worden.

Frustrierte Helden

Nach Ansicht des Wiener Soziologen Leopold Rosenmayr leiden Männer unter einem weiteren Manko: »In der Sozialisation des Mannes hat der Begriff Lebensfreude traditionell wenig Platz.« Dem Mann wird, so Rosenmayr vor der Untersuchungskommission des Österreichischen Sozialministeriums, von Jugend an nahegelegt, wie er sich verhalten soll. Ihm wird das Heroische, das Sich-durchsetzen-Müssen, das Allein-mit-sich-selbst-Auskommen – auch um den Preis der Selbstzerstörung – als Teil seiner Rolle zugewiesen.

Lebensfreude ist beim Mann also durch einen überdimensionierten Erfolgsdruck und in der Folge durch eine Tendenz zum Selbstzerstörerischen ersetzt. Männer wollen Helden sein. Jeder zwanzigste Deutsche erklärt in Umfragen, daß er unbedingt eine tapfere Tat vollbringen will. Der Schweizer Schriftsteller Otto F. Walter beschreibt diesen übersteigerten Zwang so: »Die Schubkraft der Rollendressur macht uns Männer ... tendenziell zu Schwerbeschädigten, zu Wahrnehmungsidioten, zu Liebesunfähigen: zu Helden. Wohin nun aber in unseren Verhältnissen, worin selbst Erfinder und Spitzenmanager und Formel-I-Fahrer längst Objekte geworden sind, mit diesem Heldentum? Wo bleibt die große Sendung, der wir uns heroisch weihen könnten? Was bleibt, ist diffus schweifende heldische Energie. Gestaute Energie. Sie bleibt aggressiv. Schlägt sie um in Selbsthaß? Oder beginnt sie unheimlich und immer offener, zum massenhaften Amoklaufen hinzutreiben? Zum Soldatischen hin, zur Todessehnsucht, zur äußersten Ausnahmesituation, und das hieße: zum Krieg? Zum Vor-Krieg zuerst: Zum Zelebrieren des Phallischen im jeweils neuesten Raketen-Typ? Und wieder und nochmal hin zur Verleugnung der Tatsache, daß in die Raketensysteme das Ende alles Lebendigen heldisch eingebaut ist?«

Perfekt bis zum bitteren Ende

Daß Helden keine Gefühle haben dürfen, ist das Hauptproblem des Mannes. Nach außen hält er, solange es eben geht, das Soll-Bild des erfolgreichen Machers aufrecht. Sein Lachen ist, siehe Ex-Bundeskanzler Helmut Schmidt, zum Zähnefletschen verkommen. Keine Träne löst den Gefühlsstau. In einer Umfrage des Instituts für Demoskopie Allensbach konnten sich 47 Prozent aller Männer nicht daran erinnern, ob sie in den vergangenen Jahren jemals geweint haben. Nur 13 Prozent der Frauen hatten dieses Problem.

Für den europäischen Suizid-Papst Erwin Ringel, Professor der Psychiatrischen Klinik in Wien, ist der Fall damit klar: Der Mann läßt die Gefühle nicht aus seinem Körper heraus. Sie fressen sich deshalb in den Körper hinein, vergiften ihn seelisch, machen Druck auf das vegetative Nervensystem. Einsam und allein versucht der Mann diesen stets wachsenden Druck auszuhalten. Den meisten gelingt das, einigen nicht. Diese letzte Gruppe wird verbittert. Und schließlich kommt es zu dem, was die Amerikaner Implosion nennen: Die Erbitterung bricht in das eigene Innere ein und zerstört mit dem eigenen Tod in gewissem Sinn die ganze Welt.

Diese Implosion erlebt der Mann nach Ansicht der Selbstmordforscher nicht sehr viel häufiger als die Frau. Die Folgen sind bei ihm aber viel krasser. Der Mann begeht Selbstmord, wie er gewohnt ist, alles zu tun: perfekt bis zum bitteren Ende. Professor Ringel glaubt: »Der Frau verzeiht man gerade noch, wenn sie ›halbe Sachen‹ macht, aber der Mann, der muß alles, was er macht, ganz machen. Durch diese Forderung wurde dem Mann der Rückweg ins Leben bei der Suizidhandlung abgeschnitten, für ihn darf es keine Rückkehr geben, er muß mit dem totalen Einsatz seines Lebens die ›Ernsthaftigkeit‹ seiner Handlung und seinen ›unerschütterlichen‹ Mut unter Beweis stellen.«

In einer ausweglos erscheinenden Situation geben Männer viel schneller die Hoffnung auf als Frauen. Männer entscheiden sich deshalb auch rascher für den Selbstmord – und wählen Methoden, die den Zufall so weit wie irgend möglich ausschließen. Sie bevorzugen nach Schweizer Forschungsergebnissen die »harte« Art, um ihrem Leben selbst ein Ende zu setzen: Dazu gehört das Erschießen, das Erhängen und der Sturz in den Tod. Ikarus läßt grüßen.

Die irritierten Macker

Viele Männer erkennen natürlich die Krise, in der sie – zusammen mit ihrer männlichen Gesellschaft – stecken. Sie glauben den Experten für ihr Innenleben, wenn sie wie Professor Erwin Ringel betonen, wie wichtig es gerade für Männer sei, »daß sie lernen zu reden, sich auszudrücken, Gefühle zuzulassen und zu zeigen«. Notfalls geraten sie sogar ins Grübeln, wenn eine Frau wie die Theologin Dorothee Sölle sie auffordert: »Denken Sie an eine Autoschlange, jede und jeder sitzt allein in ihrer Blechschachtel und schiebt sich langsam und aggressiv vorwärts. Frustration und Haß auf die vor mir und die hinter mir sind ganz normal. Das ist ein Bild für die Leere des Lebens innerhalb der reichen Welt.«

Vorzugsweise aufgeschlossene Männer, die sich selbst gern als links und intellektuell bezeichnen, nicken dann weise mit dem Kopf und greifen noch einmal zu Simone de Beauvoirs emanzipatorischem Werk über »Das andere Geschlecht«.

»Das sind alles Männer«, sagt der Soziologe Rodrigo Jokisch und rechnet sich selbst dazu, »die ihre Schwächen wissen und aufgeklärt genug sind zu erkennen, daß es den Frauen zum Teil beschissen geht.« Stimmt. Aber den meisten Männern entgeht vor lauter Mitgefühl, wie »beschissen« es ihnen selbst geht. Offenkundig hat der Mann wieder einmal ein Argument gefunden, mit dem er nachweisen kann, daß er immer noch der Stärkere ist – selbst wenn es ihm schlecht geht. Den Frauen geht es ja noch viel schlechter.

Wenn alles so weit geregelt ist, fällt es den Männern nicht schwer, sich selbst als »die irritierten Macker« zu bezeichnen und plötzlich die eigenen Gefühle zu entdecken. Was dabei jedoch ans Tageslicht kommt, ist vor allem Neid – wenn man Fachleuten wie Gustav Grauer, Herbert Stubenrauch und Jürgen Zinnecker Glauben schenken darf.

Die drei Pädagogen trafen sich mehrfach zu ausführlichem Gedankenaustausch, schrieben zunächst Protokolle und veröffentlichten später sogar einen Bericht in dem Magazin »päd. extra«. »Wir neiden den Frauen Mutterschaft und Mutterrolle«, heißt es da. »Wir fühlen uns ausgeschlossen von der ›biologischen Produktivkraft‹ der Frau . . . Die Produktivkraft des Mannes, seine verkaufbare Arbeitskraft, war bisher im Kapitalismus und unter patriarchalischen Bedingungen das beherrschende Thema. Die durchgängige Teilnahme an der gesellschaftlichen Produktion (und selbst in der Rolle des lohnabhängigen Arbeiters) verlieh uns Männern den Nimbus dessen, der dichter an der gesellschaftlichen Entwicklung dran sei.«

Damit, so scheint es, ist es vorbei. Die jungen aufgeschlossenen Männer stürmen die Kreißsäle der sanften Geburt, wenn ihre Partnerin niederkommt, und würden am liebsten die Preßwehen selbst erleiden. Neidisch beobachtet der neue Mann, wie seine Frau Leben schenkt. Er selbst kann nur seine, sich im Vergleich dazu bescheiden ausmachende, fürsorgliche Anwesenheit geben.

Potenzangst statt Penisneid

Beiläufig haben die neuen Männer mit ihrem Gebärneid eine alte Legende Sigmund Freuds widerlegt. Der Vater der Psychoanalyse hatte lange Zeit unwidersprochen der Frau einen Penisneid angedichtet. Frauen waren dieser Theorie gegenüber schon immer skeptisch. Elizabeth Gould Davis, die Verfasserin einer »neuen Zivilisationsgeschichte aus weiblicher Sicht« (»Am Anfang war die Frau«) gibt offen zu, daß sie kein Bedürfnis für das männliche Anhängsel hat. Warum sollte sie auch?

»Der Penis«, sagt sie, »ist der einzige Muskel, den der Mann nicht beugen, und auch die einzige Extremität, die er nicht kontrollieren kann. Sei der männliche Wille auch noch so stark, der Penis hebt und senkt sich, wie er will. Der Mann kann ihm nichts befehlen. Dieses überaus wichtige und hochgeschätzte Organ, so bedeutsam für sein Vergnügen und seine Selbsteinschätzung, ist ein Ding, getrennt von ihm, mit einem geheimnisvollen eigenen Willen und Leben. Diese Tatsache, der Besitz eines äußeren anatomischen Teils, der in keiner Weise mit seinem Gehirn verbunden zu sein scheint, ist an sich schon eine verwirrende und erniedrigende Erscheinung. Doch noch schlimmer: Es beeinträchtigt die Würde des Besitzers, weil es scheinbar jenem minderwertigen Ding – der Frau – gehorcht. Beim Anblick oder bloßen Gedanken an eine Frau richtet es sich schon auf.«

Übler hätte es für den Mann kaum kommen können. Ist es für viele Penis-Besitzer bei ihrem Denken in Besitz-Kategorien schon erschreckend, daß ihr Glied beim anderen Geschlecht offenkundig kaum einen psychologischen Marktwert besitzt, so müssen sie jetzt darüber hinaus noch feststellen, daß sie bei der intersexuellen Handelsbilanz unversehens in die roten Zahlen geraten sind. Die Frauen haben etwas, was der Mann gern hätte, aber nie erreichen kann: die Fähigkeit, Leben zu geben.

Entnervt ertappen sich unter diesen Umständen nicht nur die drei »päd.-extra«-Autoren Grauer/Stubenrauch/Zinnecker bei der Frage: »Wie hätten die Frauen uns denn gern? – Bitte schön, wir sind zu allem bereit.« Viele Männer haben in Anbetracht der neuen Lage zu ihrem Sortiment von uneingestandenen Ängsten eine neue hinzugewonnen: die Potenzangst. Wenn der Penis so wenig wert ist, gibt es Grund zur Sorge, auch an seinem Einsatz zu zweifeln.

Flucht ins Zölibat

Traditionell sieht sich der Mann auch im Liebesleben gern als der erfolgreiche Macher. Immer wieder stellt er sich in protzenden Gesprächen am Stammtisch in dieser Eigenschaft dar. Mit den Worten des Wiener Soziologen Leopold Rosenmayr heißt das beispielsweise: »Die Erektion hat rasch zu kommen, sie hat – wenn möglich – mehrfach zu erscheinen.« Verunsichert, wie der neue Mann heute der Frau gegenübersteht, passiert häufig weder das eine, noch das andere. Ein Drittel der Männer, die sich beim Arzt Hilfe gegen ihre Impotenz erhoffen, ist noch keine 25 Jahre alt. »Die Angst, zu versagen«, hat Professor Carl Schirren, Leiter der Abteilung für Männerheilkunde an der Universitätsklinik Eppendorf, festgestellt, »treibt ihn in eine Situation, aus der er sich kaum mehr ohne fremde Hilfe befreien kann.«

Wie der sensible Mann es auch dreht und wendet, er hat im entscheidenden Moment seine Schwierigkeiten:

— Wenn er es bei der Macho-Mache beläßt, steht ihm der selbstverordnete Erfolgszwang im Weg – vorausgesetzt, die Frau macht überhaupt mit.

— Wenn er zum »Softy« konvertiert und einen Gebärneid pflegt, der gleichzeitig immer auch ein Klitorisneid ist, fällt es ihm schwer, zu penetrieren, was er gern selbst hätte.

Unsicher zieht sich der Mann zurück. Nicht zufällig ist das freiwillige Zölibat in der westlichen Welt derzeit besonders bei jungen, intellektuellen Männern in Mode gekommen.

Blick hinter die Maske

Das Zölibat der Jung-Männer ist freilich keinesfalls ein Symptom dafür, daß sie ihr männliches Rollenverhalten abzulegen gewillt sind. Im Gegenteil, indem sie verweigern, was ihnen Angst macht, kommen sie nicht in die Verlegenheit, ihre Angst zugeben zu müssen und womöglich damit umgehen zu lernen. Immer noch gilt, was Reiner Erd 1980 in der »Frankfurter Rundschau« formulierte: »Angst gilt Männern als Ausdruck von Schwäche, die gesellschaftlich Frauen zugedacht ist. Folgerichtig verwenden sie einen großen Teil ihrer psychischen Energie darauf, den Ruch von Angst und Schwäche hinter einer glänzenden Fassade unbeirrbarer Souveränität zu verbergen. Je größer das individuelle psychische Leid, desto trotziger und verbissener umhüllen sich Männer mit strahlenden Masken.«

Hinter der permanenten Maskerade sieht es weniger glänzend aus. Neben der Potenz-Angst und ihrem selbstgemachten, belastenden Rollenbild wühlen vor allem vier Ängste in der Psyche des »starken« Geschlechts.

— Die Angst vor Zurückweisung: Das übersteigerte Selbstbewußtsein der meisten Männer ist nur anerzogen und entsprechend empfindlich. Männer suchen sich deshalb Erfolgserlebnisse mit allen Tricks. Bleiben die kleinen und größeren Siege als Mann aus, gerät das Selbstvertgefühl gehörig ins Schwanken. Besonders betroffen reagiert der Mann auf Zurückweisungen von Frauen, denen er sich am liebsten überlegen fühlt. Viele Männer wählen deshalb vorsichtshalber keine starke Partnerin, sondern begnügen sich mit der »Nummer 2« und hoffen darauf, daß sie dadurch ihre unbegründete männliche Dominanz behalten können.

— Die Angst vor Abhängigkeit: Aus der schon beschriebenen Sucht nach dem Ewig-Weiblichen, entsteht beim Mann als Ur-Trieb die Flucht vor der Frau. Er weiß, daß sein Leben aus dem Weib entsteht und in ihm endet. Dieser Abhängigkeit versucht er sich zu entziehen. Er wird deshalb panikartig vor Frauen fliehen, bei denen er das Gefühl hat, abhängig zu sein, wie früher von der Mutter.

— Die Angst vor Intimität: Einerseits sehnen sich die Männer nach einem normalen Verhältnis zu einer Frau. Andererseits wollen sie die Frau nicht an sich heranlassen, weil sie Angst davor haben, ihre Freiheit zu verlieren und ihre Schwächen nicht mehr verbergen zu können. Dieser Konflikt kann sich bis zur Impotenz steigern.

— Die Angst vor den Frauen: Zur Ur-Angst des Mannes vor der Frau kommt heute die ganz konkrete Angst um seine überlieferte Rolle. Der Mann kann sich des Gefühls aus gutem Grund nicht mehr erwehren, daß die Zeit des Patriarchats sich dem Ende zuneigt. Jetzt fürchtet er, daß die bisher unterdrückte andere Hälfte der Menschheit und das stets verleugnete weibliche Element in ihm selbst sich rächen werden.

Der amoklaufende Mann

In der Lebensmitte, zur Zeit der »Midlife-crisis«, werden diese Probleme dem Mann offenkundig besonders deutlich. Er steckt in einer typisch männlichen Situation. Der Höhenflug hat seinen Zenit erreicht. Von nun an kann es wie bei Ikarus nur noch abwärts gehen. Das logische Denkmuster des Mannes läßt nur selten die Hoffnung auf ein gütig lenkendes Schicksal zu, das den Frauen so häufig neue Kraft gibt.

In dieser Krise reicht die kleinste Niederlage, um dem Mann sein Versagen klarzumachen. In einer dramatischen Kehrtwende kann dann aus dem einstigen Strahlemann der zerstörungssüchtige Aggressionstrieb gegen sich und andere hervorbrechen. Die Psychologen sprechen dann vom »amoklaufenden Mann«. In einer Art übersteigertem Ikarus-Syndrom legen die Männer in ihrer subjektiv ausweglosen Lage nicht nur Hand an sich selbst, sondern gleich an ihre ganze Familie. Der Leiter der psychologischen Beratungsstelle in Berlin, Dr. Curt Doning, kennt zahlreiche Fälle dieser Art. Er sagt über diese Männer: »Sie betrachten ihre Angehörigen als Teil von sich selbst. Sie begehen erweiterten, totalen Selbstmord. Nichts mehr von ihnen soll übrigbleiben.«

Das physische Ende

»Mann sein, kann tödlich sein«

Franziska Fast

Das Mönch–Nonne-Experiment

Vor einigen Jahren befragte das Institut für Demoskopie Allensbach einen repräsentativen Querschnitt aller Deutschen: »Möchten Sie gerne 150 Jahre alt werden?« 53 Prozent der Männer sagten auf der Stelle »ja«, während nur 39 Prozent der Frauen dieses Alter erreichen wollten. Diese Zahlen sind verständlich, wenn man an die chronische Selbstüberschätzung denkt, an der die Männer leiden.

Mit den Tatsachen hat dieser Wunsch jedoch nichts zu tun. Weltweit schneidet das »starke« Geschlecht in den Lebensstatistiken schwächer ab als die Frauen. Im Durchschnitt sind die Frauen sechs bis acht Jahre länger auf der Welt.

Die Statistik der Lebenserwartung im Europa der EG sah 1982 so aus:

Land	Männer	Frauen	Differenz m/w
	Jahre	Jahre	Jahre
Belgien	68,6	75,1	6,5
BR Deutschland	69,0	75,6	6,6
Dänemark	71,3	77,4	6,1
Frankreich	69,9	78,0	8,1
Griechenland	70,1	73,6	3,5
Großbritannien	69,8	75,9	6,1
Irland	68,8	73,5	4,7
Italien	69,7	75,9	6,2
Luxemburg	67,3	74,5	7,2
Niederlande	71,9	78,5	6,6

Lange haben die Wissenschaftler gerätselt, was die Ursache für diese statistisch augenfällige Ungleichheit der Geschlechter sei. Besonders irritiert hat sie dabei die Tatsache, daß das Schicksal in diesem Fall eindeutig die Frauen günstiger abschneiden ließ. Hoffnungsvoll prüften die Experten deshalb zunächst, ob es an den unterschiedlichen

Lebensstilen liegen könnte: gestreßter Mann versus geruhsam die Hausarbeit verrichtende Frau, verantwortungsgeplagter Mann versus oberflächlich verantwortungslos lebende Frau. Aber all diese Denkmodelle wurden zu Makulatur, als die beiden amerikanischen Soziologen Rupert B. Vance und Pater Francis C. Madigan eine Bevölkerungsgruppe entdeckten, bei der die Prinzipien der Lebensführung – unabhängig vom Geschlecht – sehr ähnlich waren: katholische Nonnen und katholische Ordensbrüder.

Beide Gruppen haben keine eigenen Familien, sind also von den aufreibenden Anstrengungen befreit, die mit dem Unterhalt einer Sippe verbunden sind. Ihre Berufsaufgaben sind einander ähnlich. Die allgemeinen Spannungen sowie das Tempo der Lebensführung und die Einstellung zur Religion sind bei beiden gleich. Beide Gruppen sind angemessen ernährt und untergebracht. Und Mönch wie Nonne gelten gemeinhin als frei von gesundheitswidrigen Ausschweifungen: Alkohol, Streit und Sex sind im Kloster tabu.

Die beiden Forscher gingen bei ihrer statistischen Untersuchung davon aus, daß in der Sterblichkeit dieser beiden Gruppen keine wesentlichen Unterschiede festzustellen seien, wenn die unterschiedliche Lebenserwartung zwischen Mann und Frau im wesentlichen soziologisch bedingt ist – also durch geschlechtsspezifische Unterschiede in der Lebensführung. Genau diese Erwartung erfüllte sich beim Mönch-Nonne-Experiment nicht. Auch die Ordensschwestern lebten im Durchschnitt 10 Prozent länger als ihre im Glauben verbundenen Brüder. Das entsprach exakt dem üblichen Altersvorsprung aller amerikanischer Frauen.

Aus diesem eindeutigen Ergebnis mußten die zwei amerikanischen Wissenschaftler schließen, daß die Gründe für die längere Lebensdauer des weiblichen Geschlechts biologischer Natur sind und nicht von der Lebensweise abhängen. Sie sind, heißt es im Untersuchungsbericht, »eng mit der angeborenen Lebenskraft der Frau« verbunden.

Tödlicher Vorsprung

Der Natur ist schon längst klar, wo das stärkere Geschlecht zu finden ist. Weil die Männer gemeinhin in allen Lebenslagen als eher schwächlich und kränkelnd auffallen, bekommen sie bei der Zeugung einen gewaltigen Vorsprung mit auf ihren risikobeladenen Lebensweg. Bei der Befruchtung haben Samenzellen mit männlichen Erbanlagen eine wesentlich höhere Chance bis zum Ei vorzustoßen als ihre Konkurrenten mit weiblichen Gen-Informationen.

Dafür sorgt großmütig die Frau. Während der fruchtbaren Tage ihres Zyklus erzeugt sie in ihrer Scheide viel länger ein alkalisches Milieu als eine saure Umgebung. Der Grund dafür ist, daß Spermien mit männlichen Erbanlagen den alkalischen Zustand genießen, während sich die Träger weiblicher Anlagen lieber im sauren Milieu aufhalten. Bei der Zeugung entstehen deshalb wesentlich mehr Jungen als Mädchen. Das Verhältnis beträgt nach vorsichtigen Schätzungen 145 zu 100. Dieser Vorsprung ist bitter nötig. Denn schon während der Schwangerschaft scheiden mehr männliche als weibliche Embryos aus dem Kampf ums Leben aus. Im zweiten und dritten Schwangerschaftsmonat ist die Zahl männlicher Fehlgeburten viermal höher als die Quote weiblicher Abgänge. Bis zum achten Schwangerschaftsmonat sterben sieben Prozent der ungeborenen Mädchen, aber 30 bis 40 Prozent der männlichen Embryos. Bis zur Geburt hat sich das Verhältnis auf 100 zu 106 eingependelt.

Auch danach wird es nicht besser für den Mann. Das Risiko einer Behinderung oder des Todes ist für Jungen wesentlich höher als für Mädchen. Von den 3000 Krankheiten, die unsere Ärzte kennen, sind etwa 200 für alle Todesfälle verantwortlich. Und stets sind Knaben und Männer wesentlich mehr gefährdet als Mädchen und Frauen. Die einzige Ausnahme ist – abgesehen von den Risiken der Geburt und des Wochenbetts – der Keuchhusten. Diese Krankheit ist aus einem bisher ungeklärten Grund für Mädchen und Frauen bedrohlicher als für das männliche Geschlecht.

Die Weltgesundheitsorganisation WHO hat 1979 einen Code für die internationale Klassifikation von Krankheiten, Verletzungen und Todesursachen entwickelt. Ausgerechnet in allen Positionen auf dieser gesundheitlichen Negativ-Liste hält der Mann die Spitzenplätze: An Tuberkulose stirbt er fast viermal so häufig wie das schwache Geschlecht; bei Krebs ist sein tödlicher Vorsprung nur knapp, aber bei Leberkrankheiten, Gicht, Herzinfarkt, Bronchitis und Asthma übertrifft er die Anfälligkeit der Frau. Tödliche Unfälle – meist bei aggressiver Autofahrt – und Selbstmord treffen den Mann mehr als doppelt so häufig wie die Frau.

Eine Untersuchung des Wiener »Ludwig-Boltzmann-Instituts« hat belegt, daß Jungen wesentlich häufiger behindert sind als Mädchen. Die Wissenschaftler haben als Grundlage für diese Aussage 11 000 österreichische Kinder erfaßt und in drei Gruppen eingeteilt. Die erste Gruppe wies eindeutig chromosomal bedingte Entwicklungsstörungen auf, wie zum Beispiel Mongolismus. Die zweite Gruppe umfaßte Kinder mit schweren Entwicklungsrückständen und zerebralen Anfällen. In der dritten Gruppe wurden Kinder mit leichten Entwicklungsrückständen eingeordnet.

In allen drei Gruppen waren die Jungen vorn. In Gruppe eins kamen auf 100 behinderte Mädchen 128 Jungen. In Gruppe zwei stieg das Verhältnis auf 100 zu 144, und in der dritten Gruppe erreichten die Zahlen für das männliche Geschlecht bereits dramatische Höhen: 100 zu 204.

Offenkundig werden diese Fehler vererbt. Die männliche Schwäche entsteht nicht durch Erziehung und Umwelt, sondern ist erworben.

Die Bibel irrt

»Da machte Gott der Herr den Menschen aus Erde vom Acker und blies ihm den Odem des Lebens in seine Nase«, heißt es in der Bibel.

»Aber für den Menschen ward keine Gehilfin gefunden, die um ihn wäre. Da ließ Gott der Herr einen tiefen Schlaf fallen auf den Menschen, und er schlief ein. Und er nahm eine seiner Rippen und schloß die Stelle mit Fleisch. Und Gott der Herr baute ein Weib aus der Rippe, die er von dem Menschen nahm, und brachte sie zu ihm. Da sprach der Mensch: Das ist doch Bein von meinem Bein und Fleisch von meinem Fleisch; man wird sie Männin nennen, weil sie vom Manne genommen ist.«

»Die Bibel irrt«, sagt dazu der Naturwissenschaftler Rainer Knußmann, »die Biologen wissen, daß es ganz anders war.« So ganz genau wissen es die Biologen zwar auch wieder nicht, aber es spricht viel dafür, daß die Frau der eigentliche Mensch und der Mann nur ein mißratener Ableger ist.

Jede menschliche Zelle enthält 23 Chromosomen-Paare, die als biologisches Testament unser genetisches Material von einer Generation zur nächsten weitergeben. Je eines der Chromosomen in den 23 Paaren kommt vom Vater, das andere stammt von der Mutter. Auf den Chromosomen ist das Erbgut chemisch verschlüsselt. Dazu reichen vier verschiedene Stoffe, aus denen ähnlich wie aus Buchstaben Worte gebildet werden. Die Wissenschaftler haben zwanzig verschiedene Worte entdeckt – und dann den Überblick einigermaßen verloren. Denn aus den zwanzig Worten wird auf den Chromosomen eine ungeheure Fülle lauter verschieden zusammengesetzter Sätze kombiniert. Manche Sätze bestehen aus mehreren hundert Worten.

Unter dem Mikroskop können die Fachleute die 23 Chromosomenpaare auseinanderhalten. Aber sie wissen nie, welches Chromosom vom Vater, welches von der Mutter stammt. Sie sehen alle aus wie ein X. Von dieser Regel gibt es nur eine einzige Ausnahme. Im 23. Chromosomenpaar eines Mannes, sieht die eine Hälfte seltsam verkümmert aus. Sie ähnelt weniger einem X als einem Y. Dieses ungleiche Paar ist für das Geschlecht verantwortlich. Bei der Frau ist alles in Ordnung: XX. Der Mann erreicht mit seinem deformierten X nur die Kombination XY.

Um das verkümmerte Y-Chromosom beim Mann ist nie viel Aufhebens gemacht worden. Jahrzehntelang wurde verhindert, daß bekannt wird, was heute jeder Gen-Experte weiß: Das männliche Y-Chromosom sieht nicht nur so aus, es *ist* ein verkümmertes weibliches X-Chromosom.

»Die ersten Männer«, schließt die radikale Feministin Elizabeth Gould Davis daraus, »waren Mutanten, Mißgeburten, hervorgerufen durch einen Genschaden, der vielleicht durch eine Krankheit oder ein Strahlenbombardement von der Sonne verursacht wurde.« Und sie liegt wahrscheinlich gar nicht so falsch, wenn sie vermutet: »Die Männlichkeit bleibt ein rezessives Erbmerkmal wie Farbenblindheit oder Bluterkrankheit, die geschlechtsgebunden sind. Der Verdacht, daß das männliche Geschlecht abnormal und das Y-Chromosom eine zufällige Mutation ist, die nichts Gutes für die Menschheit bedeutet, wird nachdrücklich durch die kürzliche Entdeckung von Genetikern unterstützt, daß kongenitale Mörder und Verbrecher nicht nur ein, sondern zwei Y-Chromosome besitzen und damit eine doppelte Menge sozusagen unerwünschter Männlichkeit.«

Tatsache ist zumindest, daß der Mann gar nicht erst zwei Y-Chromosomen braucht, um in gewaltige Schwierigkeiten zu kommen. Das übliche eine Y-Chromosom reicht völlig aus.

Jeder Mensch erbt eine ganze Reihe krankmachender Gene, die meistens durch ein gesundes Gen am anderen Teil des Chromosomenpaares ausgeglichen werden. Das funktioniert beim Mann an seinen 22 gleichen Paaren genausogut wie bei der Frau. Mit seinem XY-Geschlechtschromosom steht das starke Geschlecht dagegen schwach da. Ein Ausgleich ist nicht möglich, die Quote der Erbkrankheiten deutlich höher.

Einen weit schlimmeren Y-Nachteil des Mannes haben gerade kürzlich die Pathologen David T. Purtilo und John L. Sullivan von der University of Massachusetts im amerikanischen Worchester entdeckt. Ausgerechnet in den X-Chromosomen des 23. Paares befinden sich besonders viele Erbinformationen, die für die Abwehr von

Infektionskrankheiten zuständig sind. Kein Wunder, daß der Mann mit seinem einzelnen X-Chromosom in diesem Paar viel anfälliger ist als die Frau mit ihrer Doppel-X-Besetzung im Geschlechtschromosomen-Paar. Auch hier erweist sich der Mann als deformierte Frau.

Weil sich die Natur kein X für ein Y vormachen läßt, sind Männer häufiger von schweren Infektionen der Atemwege, Virusinfektionen des Zentralnervensystems, Viruskrankheiten von Magen und Darm, Leukämie und Staphylokokken-Krankheiten geplagt. Das größte und lebenslängliche Problem beschert das kümmerliche Y-Chromosom dem Mann aber dadurch, daß es ihn zum Mann macht.

Das Testosteron-Drama

Am Anfang ist die Geschichte eines befruchteten Eis völlig offen. Sechs Wochen lang sind die Wesen im Mutterleib gleich. Erst dann nimmt die neutrale Urform der Keimzelle die eine oder andere Gestalt an, je nachdem, ob sich die äußere Schicht entwickelt (woraus Eierstöcke werden) oder das Mark (das die Hoden ergibt).

Schuld am Hoden ist ein Stoff, für den ein Gen auf dem männlichen Y-Chromosom verantwortlich zeichnet. Die Wissenschaftler haben diesen Stoff H-Y-Antigen genannt. Er heißt deswegen so, weil er im weiblichen Körper Abwehr-Reaktionen in Gang setzt. Im Embryo dagegen sorgt es für eine dramatische Kettenreaktion. Es unterdrückt die Anlagen für einen Eierstock. Der Hoden wird gebildet. Fehlt das H-Y-Antigen, entsteht – als sei dies das Normalste der Welt – eine Frau. »Der Mann«, folgert Rainer Knußmann daraus, »ist also eine Sonderform, die dadurch zustande kommt, daß das H-Y-Antigen die Entwicklung der eigentlich weiblichen Keimdrüsenanlage in männliche Richtung umstimmt.«

Selbst durch den Hoden ist der grundsätzlichen weiblichen Tendenz des Menschen noch nicht der Garaus gemacht. Der Hoden muß erst zwei weitere Stoffe produzieren, die aus der Frau nun endgültig den Mann formen: einen Oviduktrepressor, der die Entwicklung von Eileitern und Gebärmutter verhindert, und Testosteron, das männliche Hormon.

Dieser Vorgang beginnt in der zehnten Schwangerschaftswoche. Der Fötus hat die Größe von vier Zentimetern erreicht. Er hat ein Gesicht, eine Nasenspitze, Arme, Beine, winzige Hoden demonstrieren bescheiden das männliche Geschlecht.

Weniger bescheiden nimmt sich aus, auf welch dramatische Weise das Testosteron sich im Körper einmischt. Es verbreitet nur eine einzige Botschaft: männlich, männlich, männlich. Diese Nachricht liefert es aber in jeder Körperzelle ab. Auch dazu bedarf es wieder weiblicher Hilfe. Um mit seiner Macho-Botschaft in die Zellen hineinzugelangen, braucht das Testosteron einen Pförtner, den Androgen-Rezeptor. Dieses Transport-Eiweiß wird großzügigerweise von einem Gen des weiblichen X-Chromosoms hergestellt.

Ohne Hilfe der Frau wird also aus dem Mann nichts. Wissenschaftler haben festgestellt, daß wenn der Androgen-Rezeptor fehlt, noch soviel Testosteron durch die Blutbahn kreisen kann – der Organismus bleibt weiblich. Nur im Zusammenspiel weiblicher und männlicher Kräfte wird aus dem winzigen Menschen im Mutterleib ein richtiger Mann. Denn nur diese Teamarbeit zwischen Testosteron und dem Transport-Eiweiß sorgt dafür, daß sich die Körperzellen männlich verhalten und einen entsprechenden Körper mit breiten Schultern, schmalen Hüften, flacher Brust, Bart und tiefer Stimme bilden.

Mit seiner Vorliebe für detailgenaue Forschung hat der Mann belegt, was ihm selbst etwas peinlich ist. Wozu haben Männer denn eigentlich die Bibel geschrieben, in der Eva als Ableger des gottähnlichen Adams geschildert wird, wenn die Biologen jetzt das Gegenteil beweisen können? Der Mann, so stellt es sich jetzt deutlich dar, ist in Wirklichkeit eine Art Erbkrankheit der Frau, ein degeneriertes Weib.

Für diese Verhältnisse hat er es aber erstaunlich weit gebracht. Zwar kann er nicht verleugnen, daß er von der Frau abstammt. Seine sinnlosen Brustwarzen, Überbleibsel einer evolutionsgeschichtlich weiblichen Vergangenheit, halten ihm das bei jedem Blick in den Spiegel vor Augen. Aber mit Hilfe seines aggressiv-männlichen Hormons Testosteron ist es ihm gelungen, seine Herkunft zu verleugnen und zum Unterdrücker der Frau zu werden.

Die Mängel der Männer

Das Männlichkeitshormon Testosteron gibt nicht nur dem Körper das typische Aussehen, sondern es prägt auch das Wesen des Mannes. Amerikanische Wissenschaftler haben nachgewiesen, daß die Aggressionsneigung mit der Menge der Testosterone zunimmt. Aggressivität und Gewalt sind deshalb eine typisch männliche Eigenschaft.

Für den Mann besteht viel eher Streß, für ihn ergibt sich viel schneller ein Anlaß für Aggression. Häufiger und heftiger als bei Frauen wird der Körper des Mannes mit dem Streßhormon Adrenalin überflutet. Der Blutzuckerspiegel schnellt hoch, Blutdruck und Herzfrequenz steigen. Der Körper stellt die Energien bereit, um dreinzuschlagen – oder zu flüchten.

Da ist der Mann kaum anders als ein Tier – ganz im Unterschied zur Frau. Sie muß nur mit einem Zehntel der männlichen Testosteron-Menge in ihrem Körper zurechtkommen und verfügt darüber hinaus über große Mengen des weiblichen Hormons Östrogen. Östrogen gilt als ein freundliches Hormon, das ausgereift ist. Testosteron ist nur eine Vorstufe dieses fraulichen Hormons, für Knußmann »wieder ein Beweis dafür, daß der Mann nur eine unfertige Frau ist«.

Diesen Mangel macht der Mann – in seinen Augen – aber wett

durch seine Dynamik (was nur ein anderes Wort für Aggression ist), durch sein Machtstreben, seinen Ehrgeiz und eine Rangordnung, die er der Welt aufgezwungen hat. Als Sklave seines unvollkommenen Hormons Testosteron ist der Mann immer dann zur Stelle, wenn es gilt, Gewalt anzuwenden, zu foltern und zu töten. Der Beruf des Metzgers ist ein typisch männlicher Beruf. Das Schafott wurde von Männern bedient. In den USA, wo die Todesstrafe seit der Reagan-Regierung wieder häufiger durchgeführt wird, werden per Zeitungsanzeige »pflichtbewußte Männer« gesucht, die die Giftspritze geben. Tierversuche werden fast ausschließlich von Männern durchgeführt. Kaum eine Frau ist bereit, die Qualen von Katzen, Meerschweinchen, Affen und Ratten wissentlich und vorsätzlich zu provozieren. Demonstranten werden von Männern niedergeknüppelt, und Mord sowie vorsätzliche Körperverletzung gehen in der Bundesrepublik Deutschland zu 94 Prozent auf das Konto der Männer.

Nach einem Bericht der Menschenrechtsorganisation Amnesty International, deren Mitglieder übrigens mehrheitlich weiblich sind, wird zur Zeit noch in über 80 Ländern Folter angewendet. Die Folterknechte sind ausnahmslos Männer.

»Männer«, sagt der Psychiater Gustav Hans Graber, »sind bei ihrer stärkeren Verhaftung an den Aggressionstrieb weit mehr als Frauen auf Bünde der Feindschaft, wie Heer, politische Parteien usw. eingestellt. Die Menschheitsentwicklung begann gemäß vielen Mythologien mit dem Männerstreit und Männermord, und die Geschichte weiß, soweit sie zurückgreifen kann, fast ausschließlich von Kriegen zwischen Männern zu berichten.«

Bevorzugtes Ziel männlicher Aggression war schon immer neben dem Rivalen die Frau. Dabei kommt dem Mann ein Umstand zugute, für den er selbst nichts kann: Die Natur hat ihm mehr Körpergröße mitgegeben als der weiblichen Konkurrenz. Die Körpergröße gab ihm die Kraft, und die Aggression den Willen zur Macht.

Männer sind durchschnittlich acht Prozent größer als Frauen. Das macht insgesamt 13 bis 15 Zentimeter aus. Die Knochen des Mannes sind kräftiger und dicker, seine Schultern breiter, Arme und Beine länger. Männer haben mehr Muskeln als Frauen. Etwa 43 Prozent ihres Körpergewichts machen Muskelpakete aus. Beim weiblichen Geschlecht sind es lediglich 36 Prozent. Auch ansonsten ist der Körper des Mannes gut auf Kraftprotzerei vorbereitet. Atmung und Kreislauf sind auf Höchstleistung eingerichtet. Sein Lungenvolumen ist um etwa 30 Prozent größer als das der Frau. Er verfügt also über eine größere Atemkapazität und besitzt, in Relation zum Körpergewicht, auch mehr Blut als die Frau. Weil er auch mehr rote Blutkörperchen (Hämoglobin) hat, kann er mehr Sauerstoff zu den Körperzellen transportieren (19,2 Milliliter Sauerstoff auf 100 Milliliter Blut im Vergleich zu 16,7 Milliliter Sauerstoff auf 100 Milliliter Blut bei der Frau).

Rein vom Körper her gesehen ist der Mann also tatsächlich das starke Geschlecht. In seinem unterdrückerischen Verhältnis zur Frau spielt das eine Rolle.

Das Auf-und-Nieder-Phänomen

Besonders mißlich für den weiblichen Teil der Menschheit ist jedoch eine ganz andere Sache, die von Verhaltensforschern erstmals entdeckt wurde. Bei allen Wirbeltieren sind mit Aufwärts- und Abwärts-Bewegungen Gefühle verbunden. Aufwärts gilt als positiv, abwärts als negativ.

Der Mensch macht hier keine Ausnahme. Beim Lachen sind die Mundwinkel nach oben, beim Weinen nach unten gezogen. Vor Freude könnte man in die Luft gehen, bei Trauer ist man niedergedrückt. Wenn die wirtschaftliche Lage sich bessert, geht es aufwärts, andernfalls rutscht man ins tiefe Tal der Rezession.

Dieses Auf und Nieder wird auch zur Verständigung mit Artgenossen benutzt. Die Tiere machen uns das vor. Zum Imponieren oder

Drohen wird der Kopf hochgereckt. Vögel plustern ihr Gefieder auf, Katzen stellen die Haare, um optisch größer zu erscheinen. Demut dagegen zeigt man durch Verkleinerung. Der Hund zieht den Schwanz ein und duckt sich. Wer Angst hat, würde am liebsten verschwinden.

Beim Menschen läuft das Spiel nach genau denselben uralten Regeln ab. Der Überlegene wird größer gemacht, der Unterlegene einen Kopf kleiner. Besonders schön veranschaulichen diesen Vorgang die Siegertreppchen nach sportlichen Wettkämpfen.

Körpergröße demonstriert auch beim Menschen Dominanz. Der Größere blickt auf den Kleineren hinunter. Die vorhandene oder mangelnde Körpergröße erweckt das Gefühl von Überlegenheit oder Unterlegenheit. Die Frau, im Durchschnitt kleiner als der Mann, ist durch dieses Rollenspiel in eine vertrackte Lage geraten. Beständig muß sie zum Mann aufsehen, obwohl es im übertragenen Sinn dafür kaum einen Grund gibt. Die Erkenntnis, daß Körpergröße kein Beleg für Überlegenheit sein muß, nützt allerdings nichts, solange sie nirgends beachtet wird.

Eine Umfrage des Wallstreet Journal of Career hat ergeben, daß Männer mit einer Körpergröße über 1,88 Meter um 12,5 Prozent höhere Gehälter bezogen als solche unter 1,82 Meter. An der Australien National University wurde einer Gruppe von Studenten ein Mann unterschiedlich vorgestellt: mal als Student, mal als Assistent, mal als Professor. Später wurden die Studenten gebeten, die Körpergröße des Mannes zu schätzen. Was geschah? Bezeichnenderweise wuchs er mit jedem Schritt, den er die Karriereleiter hinaufstieg. Als Professor wurde der Mann um sechs Zentimeter größer eingeschätzt denn als Student. Eine andere Studie befaßte sich mit Personalchefs. Sie sollten sich für zwei gleichermaßen qualifizierte Bewerber entscheiden. Der eine war 1,70 Meter groß, der andere 1,85 Meter. 72 Prozent zogen den größeren Bewerber vor.

Die Folgerung daraus ist, daß es in unserer Gesellschaft der Größere leichter hat als der Kleinere. Und der Größere ist der Mann.

Besonders widerwärtig hat er das Prinzip des Auf-und-Nieder im Bett ausgenützt. Seinen Machtwillen und sein Rangstreben demonstriert er sogar da, wo es um die intimste aller zwischenmenschlichen Beziehungen geht: in der Sexualität. Mit aufgerichtetem Penis besteigt er die Frau. Der Missionarsstellung im Bett wird von den Verhaltensforschern der Wert einer Überlegenheitsgeste zugesprochen. Kein Wunder, daß die umgekehrte Position – Frau oben, Mann unten – von konservativen Männern als pervers betrachtet wird.

Der Angriff der Hormone

Im Licht neuester Forschungsergebnisse erscheint allerdings als wesentlich perverser, wie schamlos der Mann mit Hilfe seiner Körpergröße all seine Schwächen überspielt. Es ist nämlich keineswegs so, daß er der Frau von Natur aus überlegen ist. Er hat sich die Natur lediglich so eingerichtet, daß dieser Schein erweckt wird.

In Wahrheit hat der Mann viel größere Probleme, das Leben zu meistern. Jungen entwickeln sich langsamer als Mädchen. Das beginnt schon im Babyalter. Im Durchschnitt sitzen Mädchen eher, sie lernen früher krabbeln, laufen, sprechen, wirken insgesamt aufgeweckter. Während viele Jungen noch in die Hose machen, Nägel kauen und Konzentrationsschwierigkeiten haben, beginnen die Mädchen zu lernen, wie man eine Schleife bindet.

Schuld daran sind Vorgänge im männlichen Gehirn. Zwar ist es durchschnittlich um 120 Gramm schwerer als das weibliche, aber das allein sagt noch gar nichts, weil zwischen Gehirnmasse und Intelligenz keinerlei Zusammenhang besteht. 2850 Gramm wog das Gehirn eines Schwachsinnigen, 1100 Gramm das eines Nobelpreisträgers. Entscheidend ist das Verhältnis von Hirnmasse zu Körpergewicht. Und da liegt die Frau eindeutig vorn.

Das weibliche Gehirn wird zudem von einem einschneidenden, typisch männlichen Eingriff verschont. Die männlichen Hormone starten schon in frühester Jugend einen gewaltsamen Angriff auf die hochsensible Zone im Hypothalamus, dem unteren Gemach jener grauen Substanz, durch die alle Nervenstränge zum Großhirn führen. In dieser Region ist bei der Frau das Steuerungssystem programmiert, das nach der Pubertät den weiblichen Hormonzyklus und damit die periodische Empfänglichkeit in Gang hält. Im Mann besteht für dieses komplizierte Steuersystem kein Bedarf. Es wird so zerstört, daß nur noch ein Rumpfprogramm übrigbleibt, das gerade noch für eine gleichbleibende Hormonausschüttung ausreicht, die den Mann zur kontinuierlichen Fortpflanzung befähigt.

Wissenschaftler schließen aus diesem frühkindlichen Fall männlicher Selbstzerstörung nicht nur wiederum, daß der Mensch ursprünglich als Frau entwickelt wurde und nur durch brutale Eingriffe zum Mann umgestaltet werden kann. Sie folgern auch, daß diese Zerstörung von Hypothalamus-Inhalten das männliche Baby entscheidend zurückwirft. Das wirkt sich vor allem dann negativ aus, wenn in frühen Jahren die Sprache den grauen Zellen eingeschrieben wird.

Tatsächlich gelingt es dem Mann im Laufe seines Lebens nie, den weiblichen Vorsprung wieder aufzuholen. Immer sind ihm die Frauen in der sprachlichen Ausdrucksfähigkeit voraus. Niemand kann es mehr wundern, daß der Mann dadurch auf einem der wichtigsten Gebiete sozialen Verhaltens hinterherhinkt. Die Sprache gilt als Interaktions-Instrument par excellence.

Der junge Greis

Während der Mann später ins Leben startet, beeilt er sich um so mehr mit dem Altern. Die Untersuchungen der österreichischen Staatssekretärin Franziska Fast haben nicht nur ergeben, daß der alpenländische Mann durchschnittlich acht Jahre früher stirbt als seine

Frau. Sie haben auch gezeigt, wie schnell das männliche Gefäßsystem vergreist. Die Adern eines 35jährigen Mannes entsprechen den Gefäßen einer fünfzehn Jahre älteren Frau.

Fachleute haben den männlichen Alterungsprozeß systematisch beobachtet und dabei festgestellt, daß der Mann mit dreißig Jahren bereits den Höhepunkt seines Lebens überschritten hat. Chronisch anfälliger und empfindlicher als die Frau, beginnt er im vierten Lebensjahrzehnt seinen unaufhaltsamen Niedergang. Für die einzelnen Bereiche sieht das so aus:

Haut: Mit dreißig entstehen die ersten Stirnfalten. Zehn Jahre später sieht der Mann im Spiegel Krähenfüße und Lachfältchen an Augen- und Mundwinkeln. Mit fünfzig werden die Gesichtskonturen immer schärfer, die Wangenhaut verliert Wasser und ihre Elastizität. Sie erschlafft. Mit sechzig ähnelt die Haut eher einem zu groß gekauften Anzug, der um den Körper schlottert und höchstens noch am Bauch spannt. Tränensäcke erscheinen durch müdes Gewebe und Fettablagerungen. Mit siebzig ist das männliche Gesicht voll von Altersflecken und Runzeln.

Augen: Mit dreißig hat der Mann noch klare Sicht. Mit fünfzig braucht er bereits eine Lesebrille. Er reagiert empfindlich auf grelles Licht und beklagt einen Verlust an Tiefenschärfe. Zehn Jahre später ist seine Linse getrübt. Er hat Schwierigkeiten, Blau- und Grüntöne zu unterscheiden. Mit siebzig sieht es gar nicht mehr gut aus. Die Linse hat sich weiter verhärtet und kann vom Augenmuskel nicht mehr scharf auf den Nahbereich eingestellt werden. Das Gesichtsfeld wird enger, Nachtblindheit häuft sich.

Größe: Rückenmuskeln schwinden und die Bandscheiben sind abgenützt. Der Mann wird ein Opfer der Schwerkraft und sinkt im Laufe der Zeit zwischen dreißig und siebzig Jahren bis zu drei Zentimetern in sich zusammen.

Gewicht: Der Mann wird im Laufe der Jahre immer fetter. Mit zwanzig macht der Fettanteil am Körpergewicht (günstigstenfalls) 7,5 Prozent aus. Mit siebzig ist diese Quote auf das Vierfache gestiegen. Der Grund: Die Stoffwechselprozesse lassen beim Mann pro Jahrzehnt um drei Prozent nach. Nahrung, die deshalb nicht mehr verbrannt werden kann, wandelt der Körper einfach in Fett um. Wer mit zwanzig siebzig Kilo wiegt, darf damit rechnen, dreißig Jahre später schon sieben Kilo mehr mit sich herumtragen zu müssen.

Muskelstärke: Mit dreißig hat der Mann am meisten Kraft. Dreißig Kilo seiner vierundsiebzig Kilogramm Körpergewicht sind Muskelpakete. In den nächsten vierzig Jahren wird er vier Kilo davon verlieren. Bindegewebe ersetzt Muskelfasern, die Spannkraft – in der ihm Frauen schon immer überlegen waren – läßt nach. Mit dreißig reißt der Mann ohne jede Schwierigkeit noch Hanteln von vierundzwanzig Kilogramm Gewicht hoch. Mit sechzig schafft er nur noch achtzehn Kilo.

Nägel: Fuß- und Fingernägel wachsen langsamer, der Daumennagel pro Woche: Mit zwanzig 0,94 Millimeter; mit vierzig 0,80 Millimeter; mit sechzig 0,71 Millimeter.

Haare: Die Jahre machen Haare – nur nicht dort, wo es nötig wäre. An Schläfen und Hinterkopf fallen sie aus, dafür wuchern sie aus den Ohren, der Nase und auf dem Rücken. Der Haardurchmesser sinkt von 101 Mikron (1 Mikron = 1/1000 Millimeter) im Alter von zwanzig auf 80 Mikron fünfzig Jahre später.

Ausdauer: Herz, Lunge und Muskeln werden schwächer, die Sauerstoffversorgung im Körper wird langsamer. Die Arbeitsleistung des Mannes, gemessen an einer Kurbel mit Gewichten, sinkt. Nach einer Minute hat er mit dreißig noch 412 Kilogramm hochgekurbelt, mit vierzig nur noch 379, mit fünfzig gerade noch 352. Mit siebzig ist der Mann froh, wenn er 298 Kilo hochkriegt.

Kopf und Nase: Beide werden im Laufe der Zeit größer. Die Schädeldecke verdickt sich, der Kopfumfang steigt um einen halben Zentimeter pro Jahrzehnt. Weil die Knorpel wachsen, ist die Nase mit siebzig über zehn Millimeter länger als vierzig Jahre zuvor.

Reflexe: Die Nervenbahnen funktionieren zwar bis ins hohe Alter gut, aber das Gehirn braucht länger, um die Informationen zu verarbeiten und Entscheidungen zu treffen. Jedes Lebensjahrzehnt bedeutet eine etwa zwei Zehntelsekunden längere Reaktionszeit.

Mund: Mit siebzig sind nur noch ein Drittel der Geschmacksknospen vorhanden. Auch die Speichelproduktion verringert sich. Die Stimme beginnt zu zittern, die Stimmbänder verlieren Elastizität, deshalb erhöht sich die Stimmlage um zwei Tonstufen.

Zähne: Vor allem mangelnde Zahnhygiene und zuviel Zucker sind die Ursache für Zahnverlust. Mit dreißig fehlen dem Mann zwei Zähne, mit fünfzig klaffen sieben Lücken und mit siebzig sind es schon zehn Zähne weniger.

Ohren: Viele Töne sind dem Mann im Alter zu hoch. Mit dreißig hat er schon Schwierigkeiten, Frequenzen über 15 000 Hertz zu erlauschen. Das Zirpen der Grillen hört er nicht mehr. Mit fünfzig sinkt die Schwelle auf 12 000 Hertz. Ab siebzig ist er schwerhörig für alle Töne über 6000 Hertz. Da die Sprechfrequenz normalerweise unter 4000 Hertz liegt, können viele Alte noch recht gut hören – falls das, was gesagt wird, sie interessiert.

Herz: Der Muskel, in der Regel so groß wie die Faust, wird im Alter kleiner. Das Herz schlägt zwar immer noch so oft wie in der Jugend, aber es befördert dabei weniger Blut. Mit dreißig sind es noch 3,4 Liter pro Minute, mit sechzig dagegen nur noch 2,7 Liter. Die mögliche Maximalbelastung des Herzens sinkt von 200 Schlägen pro Minute im Alter von dreißig auf 159 mit sechzig und 150 mit siebzig Jahren. Dafür steigen Blutdruck und Cholesteringehalt des Blutes.

Lunge: Die Muskeln, die für die Lungenbewegung zuständig sind, erschlaffen. Das Gewebe im Brustkorb verhärtet sich. Man kann nicht mehr so tief Luft holen. Während bei Dreißigjährigen noch 5,6 Liter Luft in die Lunge passen, muß sich der Sechzigjährige mit 3,3 Liter pro Atemzug begnügen.

Sex: Theoretisch ist die Potenz des Mannes zeitlich unbeschränkt, vor allem wenn er in jungen Jahren fleißig war, aber Erektionswinkel (Experten haben das vermessen) und Orgasmushäufigkeit sinken.

Dem Alten fehlt die Lust zur Lust. Ein paar Daten: Beim Zwanzigjährigen liegt der durchschnittliche Erektionswinkel um 10 Prozent über der Horizontalen, sechsmal im Monat wacht er mit einer morgendlichen Erektion auf, 104mal im Jahr erreicht er den Orgasmus (davon 49mal solo). Mit dreißig hat sich das Bild verbessert. Erektionswinkel: plus 20 Prozent. Morgendliche Erektion: siebenmal monatlich. Orgasmushäufigkeit: 121 pro Jahr. Danach geht es rapide abwärts. Mit fünfzig liegt der Erektionswinkel erstmals knapp unterhalb der Waagrechten. Fünf morgendliche Erektionen sind schon viel und auf mehr als 52 Orgasmen (davon 2 solo) kommt der Mitfünfziger kaum.

Nieren: Die Arbeitskapazität sinkt beständig. Die Nieren eines Siebzigjährigen filtern nur noch halb soviel Blut wie dreißig Jahre zuvor.

Gehirn: Das Gehirn schrumpft, weil Milliarden von grauen Zellen im Laufe des Lebens ersatzlos absterben. Vor allem das Schlafzentrum ist betroffen. Der alte Mann schläft deshalb im Durchschnitt zwei Stunden weniger als sein junger Geschlechtsgenosse. Der Intelligenzquotient wird auch nicht gerade besser. Wer mit zwanzig auf einen IQ von 110 kommt, darf sich mit vierzig freuen, wenn er 106 erreicht. Mit fünfzig passiert der Mann die Schallgrenze IQ 100. Und mit siebzig hat er einen Tiefstand von IQ 83 erreicht. Parallel dazu sinkt die Leistung des Kurzzeitgedächtnisses. Mit siebzig kann man sich nur noch halb soviel merken wie fünfzig Jahre zuvor.

Was den Mann kaputt macht

Dieser Alterungsprozeß trifft den Mann viel härter als die Frau. Jahrelang hat er sich selbst Leistungsmaßstäbe gesetzt und mit brutalem Machtwillen angestrebt. Plötzlich stellt er fest, daß er die Ziele nicht mehr erreichen kann. Altern ist zwar nicht nur ein Problem des männlichen Geschlechts, aber der Mann wird damit viel schlechter fertig als die Frau. Ihm fehlt es an Flexibilität. Er kann sich auf neue Situationen nur mühsam einstellen. In der Studie des österreichischen Sozialministeriums zur Frage »Müssen Männer wirklich kürzer leben?« werden den Männern »fehlendes Anpassungsvermögen an die jeweilige (Krisen-)Situation, das Nicht-Bewältigen von Schwierigkeiten und eine mangelnde Frustrationstoleranz« bescheinigt.

All das ist eine Folge der verheerenden Wirkung des Männlichkeitshormons Testosteron, das Körper und Psyche des Mannes beständig zum Kampf um Macht und Erfolg anstachelt.

Die Kardiologen Dr. Friedmann und Rosenman haben unter Männern besonders viele A-Typen entdeckt. Diesen Typus beschreiben sie folgendermaßen: »Er will sich und seine Umwelt immer unter Kontrolle halten. Er ist ein Perfektionist, der in immer kürzerer Zeit immer mehr leisten möchte. Er steht in einem chronischen, pausenlosen Kampf gegen äußere Umstände, gegen andere, gegen sich selbst.«

Stets steht der A-Mann unter Termindruck. Sein voller Kalender bestätigt ihm selbst seine Wichtigkeit. Notfalls trägt er dort sogar Termine ein, die gar nicht existieren. Der A-Typ fällt durch unbeherrschte Gestik und Motorik auf. Er schlägt gern mit der Faust auf den Tisch, hupt beim Autofahren, überholt riskant und zeigt dem »Gegner« im Straßenverkehr besonders häufig den Vogel. In Gesprächen fällt er anderen oft ins Wort. Sein Umweltbezug wird als dominant und aggressiv beschrieben. Er ist ehrgeizig, ruhelos, immer aktiv. Der A-Mann erleidet siebenmal häufiger einen Herzinfarkt als der gelassene Mann vom Typ B. »Mann sein, kann tödlich sein«, formuliert Staatssekretärin Franziska Fast lakonisch den Sachverhalt.

Der Mann selbst sieht das – wie so oft – erst, wenn es zu spät ist. Er ignoriert es, wenn sein Herz plötzlich anscheinend grundlos zu jagen beginnt, ein paar Schläge aussetzt und dann wieder unkontrolliert lospocht. Diese Herzrhythmusstörungen treten bei vielen Männern auf. Sie sind nervös bedingt und signalisieren dem Körper, daß etwas nicht stimmt. Für solche Hinweise ist der Mann allerdings unempfänglich, er trinkt weiter harte Spirituosen, er raucht weiter, obwohl Nikotin und Schnaps seinen Körper schädigen.

Die Männlichkeit macht den Mann kaputt. Ein Facharzt, der ein Jahr lang Herzinfarkt-Patienten betreut hat, hat erschrocken festgestellt, »wieviele Männer einen Infarkt brauchen, um ein Mensch zu werden«. Offenbar besteht zwischen Männlichkeit und Menschlichkeit keine Übereinstimmung. Ist das der »kleine Unterschied«?

Luxus: Mann

Seitdem die biochemischen Vorgänge bei der Entwicklung zum Mann erforscht sind, steht fest, daß die Frau das ursprüngliche Geschlecht ist. Aus ihr hat sich als Sonderform des Menschen der Mann entwickelt. Nur mühsam kann sich das männliche Y-Chromosom durchsetzen. Der Mensch ist weiblich geplant, jede Veränderung dieser grundsätzlichen Norm ist mit Verlusten verbunden. Im Kampf um sein eigenes Geschlecht hat der Mann lebensbejahende Eigenschaften verloren. Ihm fehlen Toleranz, Flexibilität, Gefühle, Einsicht und Nachsicht. Diese Werte hat er durch Aggressivität, Ehrgeiz, Machtstreben und Gewalt ersetzt.

Das maskuline Leben fordert vom Mann jedoch einen hohen Preis. Er ist weniger vital als die Frau. Körperliche und gefühlsmäßige Schwäche führen zu seinem vorzeitigen Ende. In der Sprache der Wissenschaft sind Männer »übersterblich«.

Möglicherweise sind sie auch überflüssig. Die Frauen haben den Mann bislang als unabdingbaren Partner für die Fortpflanzung akzeptiert. Damit das Leben weitergeht, glaubten sie, sich mit seinen Fehlern und Eigenheiten abfinden zu müssen. Die geschlechtliche Fortpflanzung unter Beteiligung von Mann und Frau hat nämlich für die Erhaltung der Art einen entscheidenden Vorteil: Durch die Neukombination des Erbguts werden positive Veränderungen weitergegeben. Negative Mutationen dagegen können von den Genen des anderen Elternteils ausgeglichen werden.

Der biologische Nutzen der geschlechtlichen Fortpflanzung wäre aber auch auf andere Art – ohne Männer – genausogut zu erreichen. »Statt die Sonderform des männlichen Geschlechts zu erfinden«, gibt der Naturwissenschaftler Rainer Knußmann zu bedenken, »hätte die Natur es auch so einrichten können, daß zwei beliebige Individuen je eine Keimzelle mit halber Chromosomenzahl (23) ausstoßen und sich diese miteinander zum Grundstein eines neuen Individuums vereinigen.« Knußmann weiter: »Die Natur hat es aber anders gemacht. Sie hat das Problem des richtigen Zusammenfindens von Keimzellen, also das Problem der gegenseitigen Anziehung, dadurch gelöst, daß sie eigens für die Fortpflanzung die Sonderform des männlichen Geschlechts schuf. Die charakterisiert das Wesen des Mannes. Er ist nur ein Ableger der Frau, eine menschliche Sonderform für die Fortpflanzung, den die Frau sich als Luxus leistet.«

Dieser Ableger der Frau ist unterdessen jedoch nachweislich außer Kontrolle geraten. Anstatt Leben zu zeugen, hat er sich aufgemacht, Leben zu zerstören. Der Mann hat nicht nur die gesamte Menschheit, sondern unsere ganze Erde an den Rand des Abgrunds getrieben.

Immer mehr Frauen fragen sich deshalb, ob die Menschheit sich den Luxus Mann noch leisten kann. Wenn die Kosten höher werden als der Nutzen, muß die Situation neu überdacht werden.

An diesem Punkt stehen wir heute. Genau in diese Zeit fällt eine Erkenntnis, die das Kosten-Nutzen-Verhältnis weiter zu Ungunsten des Mannes verschiebt. Seitdem die Wissenschaftler über die Jungfernzeugung (Parthenogenese) Neues in Erfahrung gebracht haben, ist das männliche Geschlecht in den dringenden Verdacht geraten, für das Fortbestehen des Lebens im Grunde gar nicht erforderlich zu sein.

Erste Hinweise auf diesen Tatbestand glauben manche schon in der biblischen Geschichte von der Jungfrau Maria zu finden. Ohne Zutun eines Mannes ging sie mit einem Kind schwanger. Und trotzdem kann sich das Ergebnis sehen lassen: Maria gebar einen Sohn, der später als Jesus von Nazareth der Menschheit positive Impulse gab.

Bei mehreren weniger spezialisierten Organismen, Fadenwürmern, Weichtieren, Insekten und Krebsen ist die Parthenogenese schon immer Stand der Fortpflanzungstechnik.

Auch beim Menschen hat die Samenzelle im Vergleich zur Eizelle eine nur untergeordnete Bedeutung. Das Ei enthält Nährstoffe und die Energie für die ersten Entwicklungsschritte des neuen Lebens. Deutliche Hinweise gibt es darauf, daß im Zellplasma des Eies sogar Erbinformationen gespeichert sind. Es läßt sich nämlich nachweisen, daß im Durchschnitt Kinder ihrer Mutter ähnlicher sind als ihrem Vater. Zumindest für die Fingerabdrücke und das übrige Hautleistensystem gilt das. Der männliche Samen liefert außer seinen Chromosomen dagegen dem Ei nur einen Entwicklungsanstoß – den Startschuß, mit dem Aufbau eines neuen Individuums zu beginnen. Bislang war es schon bei Tieren möglich, diesen Impuls künstlich zu erzeugen. Ein feiner Einstich mit einer Nadel genügt, um das Ei zur Entwicklung zu bringen. Diese Methode, Leben zu spenden, ohne Samen zu verwenden, gelang bei Karpfen, Fröschen und Kaninchen.

Heute sind wir einen Schritt weiter. 1983 berichteten vier Wissenschaftler unter der Leitung von Dr. Roslyn Angell vom britischen Medizin-Forschungsrat, in einem englischen Labor sei es gelungen, menschliche Embryonen zu erzeugen, ohne daß die Eizelle von männlichem Sperma befruchtet worden sei. Die Embryonen besaßen nur Erbmaterial der Mutter, aber keine Chromosomen eines Vaters. Trotzdem teilten sich die Ei-Zellen und erreichten das Frühstadium eines aus acht Zellen bestehenden Embryos. Drei Tage lang hielten die englischen Forscher die menschlichen Embryonen am Leben. Dann wurden sie auf Unregelmäßigkeiten untersucht. Einige hatten

Anomalien. Das heißt, wenn sich die Embryonen weiterentwickelt hätten, wären die Babys mißgebildet gewesen. Das Experiment wurde daraufhin abgebrochen.

Trotzdem gehen die Versuche weiter. Dr. Robert Edwards, Pionier auf dem Gebiet der Zeugung von Menschen im Reagenzglas und Vater des ersten Retorten-Babys Louise Brown, hat schon mit der Jungfernzeugung Erfahrungen gemacht. Er glaubt heute, »daß die frühe menschliche Entwicklung auch ohne Zeugung beginnen kann«. Der Mann wäre dann nicht nur ein deformierter, außer Kontrolle geratener Ableger der Frau, er würde sich schlicht als überflüssiges Geschlecht erweisen.

Die Frau – der bessere Mann

»Frauen sehen auf einen Blick, was die Männer nicht einmal mit Taschenlampen und Ferngläsern erkennen können; sie haben den Kern eines Problemes schon erfaßt, bevor die Männer aufgehört haben, sich mit reinen Äußerlichkeiten abzugeben.«

H. L. Mencken

Der Adam-Riese-Schock

Die Industrie- und Handelskammern (IHK) von Nordrhein-Westfalen haben Ende 1982 in einem Rechen- und Schreibtest 5 000 Berufsanfänger geprüft. Das Ergebnis ist nach Angaben der IHK von den Ausbildungsbetrieben und Handwerksmeistern »mit großer Enttäuschung« aufgenommen worden. Das ist kein Wunder. Abgesehen davon, daß das Ergebnis vor allem im Diktat tatsächlich niederschmetternd war – fast jeder zweite Prüfling hatte es geschafft, in dem nur fünfzehn Zeilen langen Text über zehn Fehler unterzubringen –, fiel den Meistern ein Umstand besonders auf, den sie nicht erwartet hatten: Die getesteten Mädchen schnitten überdurchschnittlich gut ab. Während von den weiblichen Lehrlingen im Diktat nur 17 Prozent mehr als zehn Fehler machten und beim Rechnen nur 27 Prozent mangelhafte Leistungen erbrachten, waren es bei den männlichen Auszubildenden 44 bzw. 32 Prozent.

Man kann sich ausmalen, wie die deutschen Handwerksmeister, mit diesen Ergebnissen konfrontiert, die Welt nicht mehr verstanden. Gerade noch akzeptabel ist es für den durchschnittlich konservativen Mann, wenn die Mädchen beim Diktat besser abschneiden. Den gewandteren Umgang mit Worten hat man ihnen ja immer zugestanden und sie als »geschwätzig« oder »scharfzüngig« diskriminiert. Daß aber die weiblichen Lehrlinge auch in Mathematik, von Männern (Adam Riese) erfunden und als geschlechtsspezifische Domäne betrachtet, die Jungen auf die Plätze verwiesen – das hat schockiert.

Sollte diese IHK-Prüfung eine Tendenz anzeigen, dann scheint es, als bräche das »schwache« Geschlecht plötzlich ungeniert in männliche Naturschutzgebiete ein. Bislang war doch alles in maskuliner Ordnung: die Frauen weniger stark, weniger intelligent, weniger vernünftig. Halten die von Psychologen und anderen Fachleuten mit Argumenten gepanzerten Verteidigungswälle, so muß sich das »starke« Geschlecht heute angstvoll fragen, nicht mehr, was sie versprachen: alle Macht dem Mann?

Die Angst ist berechtigt. Tatsächlich spricht kaum noch etwas dafür, daß der Mann das bessere der Geschlechter verkörpert. Selbst auf als ureigen-männlich deklarierten Gebieten erweist sich die Frau als ebenbürtig. Mit Vernunft und Ratio kann sie, wenn sie will, genauso umgehen wie der Mann. Überzeugte Feministinnen glauben und beweisen, daß die Frau mindestens so machthungrig, karrierebezogen und aggressiv auftreten kann wie das männliche Geschlecht. Ob das wünschenswert ist, das ist eine andere Frage.

Noch verfügen die Männer über einen Bildungsvorsprung, und an den europäischen Hochschulen lernen mehr Studenten als Studentinnen. Aber in den 90er Jahren wird das Bild sich gewandelt haben. Auf den Schulen übertrifft heute schon die Zahl der Mädchen die der Jungen. In der Bundesrepublik gab es 1982 nur noch in zwei Schularten mehr männliche als weibliche Schüler: in der Sonderschule und in den Grund- und Hauptschulen. In den Realschulen und vor allem auf dem Gymnasium sind die Mädchen längst in der Überzahl.

Die Mär vom schwachen Geschlecht

Selbst im Sport ist die Mär vom schwachen Geschlecht mittlerweile widerlegt. »Es gibt keine Sportart speziell für Männer oder für Frauen«, sagt die Ärztin Dorothy Harris vom Forschungszentrum »Women in Sports« der Universität von Pennsylvania. Jahrelang hat sie der Gretchenfrage nachgespürt, ob sich Frauen in der körperlichen Konkurrenz mit Männern messen können. Ihre Antwort ist eindeutig: »Jeder Sport ist für alle gleich gut, in vieler Hinsicht sind Frauen sogar robuster als Männer«. In ihren Untersuchungen hat Dorothy Harris nachgewiesen, daß Qualität und Intensität des Trainings für sportliche Erfolge viel wichtiger sind als das Geschlecht.

Das hatte Ende der 70er Jahre schon eine 28jährige Juristin von der Elite-Universität Harvard nachdrücklich demonstriert. Als erste Frau startete Lyn Lemaire 1979 beim angeblich härtesten Wettkampf der Welt, dem berüchtigten Triathlon rund um die Hawaii-Insel Oahu. Als fünfte bewältigte sie schwimmend, radelnd und im Marathon-Lauf die 140,6 Meilen lange Strecke, die bis dahin exklusiv »für eisenharte Männer« reserviert war.

Für die Sportmedizinerin Harris war dieser Erfolg der Anlaß, mit den Vorurteilen gegen Frauen im Sport gründlich aufzuräumen. Sie entlarvte das männliche Gefasel vom höheren Verletzungsrisiko der Frau als untaugliches Mittel, sich die weibliche Konkurrenz vom Hals zu halten, und stellte – peinlich für die Sportfunktionäre – sogar fest, daß sich der Sachverhalt in Wirklichkeit genau umgekehrt verhält.

Während Frauen ihre empfindlichen Geschlechtsorgane gut geschützt innerhalb einer flüssigen Pufferzone im Inneren des Körpers sichergestellt haben, baumelt das Männlichste am Mann ungeschützt zwischen den Beinen. Schon eine zu enge Hose kann ihn dort böse kneifen, und aus den Fernsehübertragungen von Fußballspielen wissen die Zuschauer, wie panisch die Balltreter beim Freistoß ihre Männlichkeit umklammern, um Treffer abzuwehren. Schon ein leichter Schlag gegen die Hoden zwingt harte Männer schmerzverzerrt zu Boden.

Überdies sind Frauen grundsätzlich weniger anfällig für Schmerz. Während der weiße Mann – Indianer sollen ja anders sein – oft schon umfällt, wenn der Arzt ihm Blut entnimmt und schnell wehleidig wird, sind Frauen härter im Nehmen. Einige Wissenschaftler führen das auf die proportional höhere Menge von Desoxyribonukleinsäure im Körper der Frau zurück. Dieses genetische Rohmaterial gibt ihr nach diesen Untersuchungen nicht nur die Kraft, den monatlichen Blutverlust während der Menstruation auszugleichen und Kinder zu gebären, sondern auch die Stärke, Schmerzen zu ertragen. Ihr hilft dabei vermutlich ebenfalls das in der Weiblichkeit enthaltene Prinzip Hoffnung. Der Mann verzagt, die Frau hält durch – es wird ja wieder besser werden.

Als Sportler-Latein enttarnt hat die Ärztin Dorothy Harris auch den Verdacht, die weibliche Brust sei infolge von wettkampfbedingten Quetschungen besonders anfällig für Mamma-Karzinome, und überdies sei die Frau an bestimmten Tagen nicht voll leistungsfähig. »Für Sportlerinnen trifft eine solche Einschränkung überhaupt nicht zu«, sagt Frau Harris und weist nach, daß Frauen in allen Phasen ihres monatlichen Zyklus Weltrekorde gebrochen haben und zu individuellen Höchstleistungen fähig sind.

Unsichtbare Vorteile

Auch die Tatsache, daß Männer im Durchschnitt tatsächlich größer und muskulöser sind als Frauen und zudem von ihrem aggressiven Hormon Testosteron zu Leistungswille und Erfolg angetrieben werden, bringt ihnen nach den Harris-Forschungen kaum etwas ein.

Die augenfälligen Vorteile der Männer konkurrieren mit den weniger sichtbaren der Frauen. Ihre größere Menge an Körperfett (30 Prozent im Vergleich zu 20 Prozent beim Mann) beispielsweise trägt Frauen besser im Wasser und macht sie unempfindlicher gegen Kälte – zwei wichtige Faktoren nicht nur im Langstreckenschwimmen. Seit Gertrude Ederle 1926 den Ärmelkanal, eine der unwirtlichsten Wasserstraßen der Welt, zwischen England und Frankreich zwei Stunden schneller durchschwommen hat als jeder Mann zuvor, dominieren Frauen auf den langen Strecken im Wasser. Künftig werden sie die Männer im nassen Element auch auf Kurzstrecken schlagen. Ein zusätzlicher weiblicher Pluspunkt – die schmaleren Schultern – könnte dazu die entscheidenden Zehntelsekunden bringen.

Wissenschaftlich noch nicht ganz geklärt sind die Ursachen für ein anderes Phänomen: Frauen sind für Langstreckenläufe geradezu prädestiniert, weil sie über die einzigartige Fähigkeit verfügen, nach Bedarf Energiereserven abzurufen. Nach Marathonläufen sind Frauen zwar auch erledigt, aber längst nicht so kaputt wie die Männer, die meist nur noch das allerletzte Milligramm Blutzucker über die Ziellinie treibt. »Das Durchhaltevermögen von Frauen«, betont Dorothy Harris, »ist eindeutig größer.«

Erste Spekulationen deuten an, daß diese Tatsache mit der unterschiedlichen Ausschüttung von Adrenalin zusammenhängt. Das vermutet zumindest die schwedische Professorin Marianne Frankenhäuser. Sie glaubt, daß sich die Stoffwechselprozesse des Mannes bei gleicher Leistungsanforderung durch seinen höheren Adrenalin-Spiegel so beschleunigen, daß seine Energiereserven schneller verbraucht sind. Die Frau ist deshalb in Krisensituationen belastbarer.

Zu dieser Erkenntnis war der österreichische Sozialwissenschaftler und Sexualforscher Professor Ernest Bornemann schon während des Zweiten Weltkrieges gelangt. »Während der Bombenangriffe«, schreibt er in seinem Standardwerk über »Das Patriarchat«, »stellte es sich bei den Engländern genau wie bei den Deutschen heraus, daß die Frauen durchweg besser durchhielten, ihre Angst zwar zeigten, aber schneller überwanden und so gut wie keine psychischen Schäden davontrugen, während die Männer, die ihre ganzen Energien mobilisieren mußten, um ihre Furcht zu verbergen, noch Jahre später an den Folgen der zurückgehaltenen Ängste zusammenbrachen.«

Damit noch nicht genug: In einem weiteren Bereich erweisen sich Frauen als besser angepaßt an ihre Umwelt: Ihre Fähigkeit, Hitze zu ertragen, ist dem Mann hoch überlegen. Wenn dem starken Geschlecht längst Schweißperlen von der Stirn rinnen, bleibt die weibliche Konkurrenz noch kühl. Erst etwa zwei Celsius-Grade später setzt sie ihre Schweißdrüsen in Funktion. »Die Männer schwitzen eher«, kommentiert Dr. Harris, »die Frauen aber schwitzen effektiver, was bedeutet, daß sie für ein intensives und hartes Training im Grunde genommen viel besser ausgerüstet sind als ihre männlichen Konkurrenten.«

Der James-Bond-Effekt

Diese Aussagen sind allesamt geeignet, den Mythos von der männlichen Überlegenheit als Lug und Trug zu entlarven. Da bedarf es gar nicht mehr der gesicherten Hinweise auf die schnellere Aufnahmefähigkeit der Frau und auf ihre gegenüber dem Mann bessere Reaktionszeit. Die Frau, so wird deutlich, braucht sich mit ihren Leistungen nicht zu verstecken.

Warum nützt die Frau das nicht aus, bricht alle männlichen Rekorde und führt dem selbsternannten »starken« Geschlecht vor Augen, wer in Wirklichkeit stärker ist? Die Frage ist einfach zu beantworten: Die Frau ist kein Mann. Ihr fehlt der männliche Sozialdefekt, alles und jeden ehrgeizig zu bekämpfen, niederzumachen und in der Rangordnung auf die Plätze zu verweisen. Sie hat die Chance, dem anderen Geschlecht Demütigungen zuzufügen und sich – egoistisch – zu profilieren. Sie verzichtet darauf. Trainer von Frauen wissen darüber zu klagen. Sie meinen zu Recht, mangelnden Wettkampfgeist konstatieren zu müssen und stehen dieser Tatsache verständnislos gegenüber. So wird es auch aller Voraussicht nach in der nächsten Zukunft bleiben. Männer können, argwöhnen die Frauen, weibliche Denkvorgänge gar nicht begreifen, weil sie so unterschiedlich sind.

Erstaunt registrierten männliche Psychologen in den USA etwa, daß sich Frauen im Team ganz anders verhalten als Männer. In einer Studie, in der Zweiergruppen gemeinsam an einem Problem arbeiteten, wobei der Erfolg des einen den Mißerfolg des anderen bedeutete, bat ein Eingeweihter zu einem bestimmten Zeitpunkt seinen Partner, das Tempo etwas zu drosseln. Die weiblichen Versuchspersonen kamen dieser Bitte nach und verlangsamten ihr Arbeitstempo, die männlichen Test-Teilnehmer dachten gar nicht daran.

Das ist nicht eine Folge männlicher Böswilligkeit, eher ein Zeichen von Unvermögen. Ein sachliches Ziel vor Augen, verliert der Mann gern den Blick dafür, daß es außer ihm noch andere Menschen gibt. Ob erworben oder anerzogen – Tatsache ist der männliche Mangel an

Interdependenz. Grundsätzlich schon sozial behindert durch die ungenügende Koordination der beiden Gehirnhälften, wird er auch noch von frühester Kindheit an dressiert, in Zweck-Mittel-Kategorien zu denken, den Nutzen über alles andere hervorzuheben und alle Ereignisse, Personen und Beziehungen ausschließlich in solchen egoistischen Bezügen zu werten.

Das mag kurzfristig und kurzsichtig vernünftig sein, bleibt aber immer asozial. Der Zustand unserer Männer-Welt dürfte Beweis genug dafür sein.

Ihr größeres Interesse an Personen, im Gegensatz zur männlichen Vorliebe für Dinge, macht Frauen toleranter. Ihnen fällt es leichter, sogar Außenseiter der Gesellschaft zu akzeptieren, weil sie hinter der Ausnahme immer auch den Menschen sehen. Das gilt nicht nur im übertragenen Sinn: In sorgfältig kontrollierten Untersuchungen stellte sich heraus, daß Frauen in kleinen Gruppen viel häufiger und viel länger als Männer den anderen ins Gesicht sehen. Daß dieser Tatbestand in der technischen Welt durchaus nicht immer nur Vorteile bringt, hat James Bond entdeckt. In einem der Romane von Ian Fleming stellt der berühmte Detektiv fest, daß Frauen in der Regel keine guten Aufofahrer sind, weil sie häufig ihre Augen von der Straße abwenden, um ihre Beifahrer anzusehen. Dieser »James-Bond-Effekt« wurde mittlerweile von der Wissenschaft bestätigt.

Der Affen-Mann

In der Sprache der Psychologen verhalten sich Frauen kontext-bezogen. Sie nehmen Notiz von ihrer Umwelt und reagieren auf Veränderungen, die von außen kommen. Diese Offenheit der Frau wird in einem für interkulturelle Vergleichszwecke entwickelten Figurenpräferenz-Test deutlich. Frauen bevorzugten die komplexeren Bilder, Männer wählten häufiger einfache, geschlossene Darstellungen.

weibliche Präferenz   männliche Präferenz

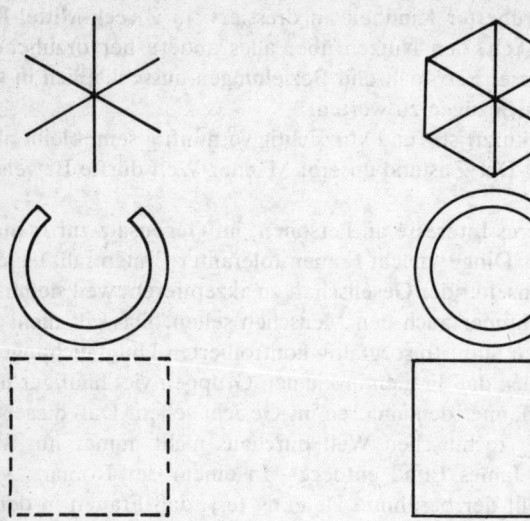

»Gleichsam symbolisch«, schreibt Rainer Knußmann, »zeigt sich die Offenheit der Frau schon an ihrem Körper. Ihre Geschlechtsteile bleiben offen, während der Hodensack des Mannes aus der Verwachsung der weiblichen Schamlippen entsteht. Männlich bedeutet Verschluß, geschlossen, abgeschlossen – unfähig zur Weiterentwicklung. Offenheit dagegen garantiert Aufnahmefähigkeit und damit Lernbereitschaft.«

In der Tat gilt die Frau für die Wissenschaftler als weiter entwickelt. Ihre Gesichtszüge und ihr Körperbau ähneln dem Affen weniger als die derben Konturen des Mannes. Er ist noch befangen in den tierischen Instinkten der Aggression und des Imponierens. Die Frau ist über diesen Entwicklungsstand längst hinaus.

96

Der Pornobild-Test

Während es der Frau kaum Probleme bereitet, sich in andere Menschen hineinzudenken, fällt es dem Mann sogar schwer, sich selbst zu erkennen. Sein mangelhafter Zugang zu den eigenen Gefühlen belegt das.

In Amerika haben Psychologen dieses unterschiedliche Verhalten in einem Test mit erotischen Darstellungen demonstriert. Sieht ein Pärchen diese Bilder, so projiziert sich die Frau eher in die Szene hinein. Sie schlüpft gleichsam in den fremden, auf das andere Geschlecht erregend wirkenden Körper und genießt ihre Begehrlichkeit. Der Mann dagegen beurteilt die Situation eher von außen und sucht sie in seiner Phantasie durch Handeln dahingehend zu verändern, daß er die dargestellte Frau auf dem Bild gleichsam herausschneidet, dem Papierkonkurrenten wegnimmt und als sein Objekt besitzen will. Dem sanften Weg der Partnerin stellt der Mann seine Greifermentalität entgegen.

So unterschiedlich verhalten sich Mann und Frau in allen Bereichen des Lebens. Selbst Alice Schwarzer, die oft den Eindruck erweckt, daß sie gern männlicher als der schlimmste Macho wäre, vermochte in einer Anhörung des Bundesministeriums für Jugend, Familie und Gesundheit nicht auszuschließen, daß Frauen manchmal »für einiges sozial empfindsamer und emotional sensibler« seien.

Das wäre ja an sich keine Schande, nur in einer Männergesellschaft ist diese weibliche Eigenheit zum Manko deklariert worden. Bei dieser Demontage der Weiblichkeit waren die Männer so erfolgreich, daß sogar viele Frauen heute noch auf dieses verdrehte Bild der Welt hereinfallen. Warum sonst sollten sich so zahlreiche emanzipierte Frauen dagegen sträuben, anzuerkennen, was lange Zeit weibliche Intuition genannt wurde? Das bedeutet »ahnendes Erfassen«, ohne daß der erfaßte Sachverhalt gleich wissenschaftlich analysiert werden muß. Intuition steht im Gegensatz zum männlichen Intellekt, zum rein verstandesmäßigen Denken.

Daß Frauen verstandesmäßig genausogut denken können wie die Männer – das haben sie längst bewiesen. Daß es ihnen an Intelligenz fehlt, können nur noch ganz Bornierte behaupten. Alle Untersuchungen bestätigen der Frau denselben IQ-Wert wie dem Mann. In der US-Army, die seit einiger Zeit auch Frauen für Kampfhandlungen drillt, schneiden die Soldaten beim Intelligenztest durchweg schlechter ab als die Frauen in Uniform. Die Soldatinnen scheinen dafür aber – warum wohl? – im Schleudern von Handgranaten den männlichen Leistungen unterlegen zu sein.

Um so verwunderlicher ist die weibliche Scheu vor ihrer eigenen Intuition. Was die Frau sich offenbar als Mangel einreden ließ, ist von H. L. Mencken längst als ihre große Stärke erkannt worden: »All diese Intuition ist nicht mehr und nicht weniger als Intelligenz, eine Intelligenz, die so scharf ist, daß sie zur versteckten Wahrheit durch die stärksten Hüllen falschen Anscheins und falschen Benehmens dringen kann ... Frauen sehen auf einen Blick, was die Männer nicht einmal mit Taschenlampen und Ferngläsern erkennen können; sie haben den Kern eines Problems schon erfaßt, bevor die Männer aufgehört haben, sich mit reinen Äußerlichkeiten abzugeben.«

Der überschätzte Penis

Mit seiner Vorliebe für Äußerlichkeiten hat sich der Mann ein Weltbild geschaffen, das erstens mit der Wirklichkeit nichts zu tun und zweitens völlig anders aussieht als das Weltbild der Frau. Die Diskrepanz ist so groß, daß viele Männer Dinge als allgemeingültig bezeichnen und überbewerten, die von Frauen völlig anders beurteilt werden. Wem es – wie der Frau – gelingt, hinter die Fassaden zu schauen, dem stellen sich die Dinge natürlich anders und möglicherweise wahrheitsgetreuer dar.

Wie peinlich diese Diskrepanz im Bild von der Wirklichkeit werden kann, zeigt jeder Body-Building-Wettbewerb oder das Imponiergehabe des Playboys am Swimming-Pool. Wie ein Affenmännchen bläht der Mann, der sich selbst für schön hält, seine Brust auf, läßt die Armmuskeln spielen, zieht den Bauch ein und hat schon vor dem Auftritt den Penis imposant in der Badehose drapiert. Ballett-Tänzern wird sogar nachgesagt, bei mangelnder Eigengröße in der Hose mit einer Hasenpfote oder – in ernsteren Fällen – mit einem zusammengerollten Paar Socken nachzuhelfen.

Das Balzverhalten des Mannes und das Zur-Schau-Stellen bestimmter Körperpartien ist jedoch nicht nur peinlich – es ist lächerlich, weil es die echten Interessen der Frau, für die das alles veranstaltet wird, völlig verkennt. Der Mann schließt wieder einmal verallgemeinernd von sich auf das andere Geschlecht. Weil er, einer niedrigeren menschlichen Entwicklungsstufe noch nicht entwachsen, bei der Wahl seiner Partnerin Äußerlichkeiten wie Schönheit und Sex-Appeal in den Vordergrund stellt, nimmt er einfach an, bei der Frau sei es genauso. Aber da täuscht er sich: Untersuchungen haben nachgewiesen, daß das äußere Erscheinungsbild bei der Partnerwahl der Frau kaum eine Rolle spielt. Viel wichtiger sind ihr weniger leicht erkennbare Werte wie Intelligenz und Wille.

Das gockelhafte Imponierverhalten des Mannes verfehlt deshalb häufig die erwartete Wirkung. Der Mann, der männlich sein will, erscheint nur als dümmlich.

Die Umfrage einer New Yorker Tageszeitung hat die Diskrepanz zwischen Sein und Schein klar gemacht. Während jeder fünfte Mann annimmt, Frauen fänden Muskelpakete auf Schultern, Armen und an der Brust attraktiv, kann sich lediglich ein einziges Prozent des weiblichen Geschlechts für solche Details erwärmen. Völlig daneben stehen auch die 15 Prozent der befragten Männer, die ihren Penis besonders wichtig nehmen. Nur zwei Prozent der Frauen finden dieses männliche Anhängsel anziehend. Wenn es schon um das Äußere geht, interessieren sich Frauen für höchstens drei Features am Mann:

Das Gesäß soll schmal und »sexy«, der Bauch flach und die Augen ausdrucksvoll sein. Das sind genau die Punkte, die der Mann als unwichtig für die Frau wähnt.

Nur weil die Frau dem männlichen Körper grundsätzlich keine besonders große Bedeutung beimißt, finden in unserer Gesellschaft auch die Besitzer von Spitz- und Bierbäuchen, breiten Büro-Gesäßen und nichtssagenden Augen eine Partnerin. Hinter diesen Äußerlichkeiten sieht die Frau immer den Menschen. Der Mann dagegen betrachtet das andere Geschlecht noch immer vor allem als Sexualobjekt.

Zwischen männlicher und weiblicher Liebe besteht deshalb ein gewaltiger Unterschied. Das männliche Interesse an der Frau hat, so Rainer Knußmann, »gar nichts mit Liebe zu tun. Es ist nur Besitzstreben, reine Habgier, wie sie sich im Zusammenraffen eines Harems zeigt.«

Für die Frau ist aufgrund ihrer höheren Sensibilität, ihrer anderen Sicht der Welt und ihrer menschlichen Einstellung gegenüber dem Leben der Orgasmus nur »Weg zu einer großen seelischen Liebesfähigkeit« (Knußmann). Der sexuelle Höhepunkt selbst wurde darüber eigentlich zur Nebensache.

Beim Mann ist das ganz anders. Er kann, selbst wenn er sich noch solche Mühe gibt, nur eine beschränkte Zahl von Orgasmen erreichen. Jeder einzelne erhält damit einen übersteigerten Wert. »Wieder mal geschafft«, hakt der Mann den Höhepunkt auf seiner verinnerlichten Liste persönlicher Erfolge ab.

Die Frau mit ihrer unbegrenzten Fähigkeit zum Orgasmus liegt eine derartige Leistungs-Manie fern. Im Gegensatz zum Mann kann sie deshalb auch beim Sex unbeschwert die intime Gemeinsamkeit genießen. Das gibt ihr einen seelischen Tiefgang, den der Mann nie erreichen wird. Nur sie ist fähig, echt und selbstlos zu lieben.

Rettung durch die Frau

»Innerlich reich und äußerlich sanft lassen sich größte Pläne verwirklichen, und nichts behindert ihr Wachstum.«

I Ging

Der Ideenschrank ist leer

1979 befragte eine der besten Tageszeitungen der Welt, die »Washington Post«, zahlreiche prominente Denker nach Lösungsmöglichkeiten für die Krise, in der die Menschheit sich heute befindet. In dem Artikel mit der Überschrift »Der Ideenschrank ist leer« hieß es: »Gespräche mit angesehenen Intellektuellen in Cambridge, Mass., und New York haben tatsächlich nicht nur bestätigt, daß der Hauptstrom der Ideen sich in Dutzende von Bächlein aufgesplittert hat, sondern daß er in einigen Bereichen vollkommen ausgetrocknet ist.«

Professor Irving Kristol, der an der Universität New York Städtekultur lehrte, kündigte in der Umfrage an, er werde sein Amt aufgeben: »Ich habe nichts mehr zu sagen. Ich glaube nicht, daß auch jemand anderes das noch tun könnte. Wird ein Problem zu schwierig, dann verliert man das Interesse daran.«

Irving Kristol geht es wie vielen Fachleuten. Sie erkennen, daß sie mit den herkömmlichen Methoden die Probleme nicht mehr in den Griff bekommen können. Trotzdem ist der New Yorker Professor eine Ausnahme. Er gibt zu, daß seine Zunft am Ende ist. Die meisten anderen vernebeln mit hochgestochen klingenden Worten, daß sie nicht mehr weiterwissen. Hinter dem sinnlos gewordenen Wissen von Details versuchen sie ihre Unfähigkeit zu verbergen, die Zusammenhänge zu erkennen. Mit immer neuen inhaltsleeren Sprechblasen bemänteln sie die Tatsache, daß wir in einer intellektuellen Sackgasse stecken und kein Ausweg mehr in Sicht ist.

Es überrascht nicht, daß die von der »Washington Post« Interviewten ausnahmslos Männer waren. Und noch weniger erstaunt die Tatsache, daß keiner der überforderten Männer die Ursache für die tiefgreifende Kulturkrise bei sich selbst, bei der Männergesellschaft, gesucht hat. Von Männern aber sind die Bausteine geschaffen worden, die sich jetzt als hohl erweisen.

Das Paradies ist vergänglich

Gerade noch begreifbar erscheint es, wenn ein Architekt nicht zugeben will, daß das Gebäude, das nach seinen Plänen fertiggestellt wurde, sich als Ruine erweist. Unverständlich wird es dagegen, wenn er seinen Baustil nach dieser Erfahrung nicht verändert, sondern unbelehrbar eine neue Ruine neben die alte stellt. Das ist die Situation, in der wir uns heute befinden.

Die Ruineure unserer Gesellschaft bedienen sich nach wie vor der Methoden, die als typisch männlich gelten. Es handelt sich um eine aggressive Überbetonung der Wissenschaft und den Alleinanspruch des rationalen, analytischen Denkens auf die Wahrheit. Für Fritjof Capra führt das zu Verhaltensweisen, die »zutiefst anti-ökologisch« sind. Er glaubt, daß »unser Verständnis des Ökosystems durch die innerste Natur des rationalen Geistes behindert« wird. Es könnte zunächst so aussehen, als sei der Bösewicht enttarnt: die Ratio, das lineare Denken, als Ursache allen Übels. So einfach ist der Sachverhalt indessen nicht. Die Ratio, die Vernunft, hat in der Vergangenheit viel Gutes hervorgebracht, unsere Entwicklung war Jahrtausende von ihr geprägt. Die Ergebnisse dieses Prozesses sind durchaus vorzeigbar. Medizin und Technologie, sichtbare Ausflüsse dieser vernunftbetonten Gesellschaft, haben zu der langen Lebenserwartung beigetragen, von der heute Männer wie Frauen profitieren. Moderne Techniken haben das Arbeitsleben erleichtert und uns einen Wohlstand beschert, der – oberflächlich betrachtet – sich mit den Zuständen im Paradies vergleichen läßt.

Nun scheint es jedoch, daß das Paradies vergänglich sei. Allein abhängig vom männlichen Intellekt ist es gleichsam in eine prekäre Schieflage geraten, weil ein wichtiger Teil des Fundaments nicht nur vergessen, sondern absichtsvoll weggelassen wurde: die überragende weibliche Fähigkeit der Intuition.

Die bedenkliche Schräglage unserer Welt ist für Capra deshalb »ein Ergebnis davon, daß wir unsere maskuline Seite – rationales

Wissen, Analyse, Expansion – überbetont und unsere weibliche Seite – intuitive Weisheit, Synthese und ökologisches Bewußtsein – vernachlässigt haben«.

Das ging jahrhundertelang gut auf Kosten der Frau, die das weibliche Prinzip verkörpert. Heute deutet alles darauf hin, daß die Wende bevorsteht.

Symptome der Krise

Der britische Zukunftsforscher Buckminster Fuller schockierte bereits 1968 bei einer Fernsehdiskussion das Studiopublikum und löste nervöses Kichern aus, als er den Gedanken äußerte, unsere Gesellschaft werde durch die Frauen gerettet werden. Er glaubt, daß die kritischen, sensiblen und klugen Frauen anstelle der abgewirtschafteten und abgeschlafften Männer selbst die Macht übernehmen werden: »Im 21. Jahrhundert werden sie das Raumschiff Erde unter Kontrolle haben.« – »Das ist ein ausgezeichneter Vorschlag«, freut sich die kämpferische Feministin Elizabeth Gould Davis über Fullers Vision, »in seiner Befolgung könnte die letzte Hoffnung für die Menschheit bestehen.«

Tatsache ist, daß wir uns heute offenbar am Ende einer kulturellen Periode befinden. Soziologen, die Entwicklungen alter Zivilisationen erforscht haben, stellten fest, daß einem Zeitalter des Aufstiegs bestimmter Werte stets und zwangsläufig eine Phase des Niedergangs folge, bevor eine neue Ära entstand. Jeweils gingen der Wende eine Reihe unterschiedlicher gesellschaftlicher Hinweise voraus, von denen viele mit den Symptomen unserer gegenwärtigen Krise identisch sind. Dazu gehören ein Gefühl der Entfremdung und das Anwachsen von Geisteskrankheiten und Gewaltverbrechen sowie das Auseinanderfallen der Gesellschaft. Dazu gehört aber auch ein verstärktes Interesse für pseudo-religiöse Kulte.

Das alles sind Vorgänge, die unsere Gesellschaft zur Genüge kennt:

— Psychiatrische Anstalten sind randvoll belegt. Ganze Völker lassen sich, wie in den USA, regelmäßig auf der Couch des Psychoanalytikers nieder. In der Bundesrepublik wurde bekannt, daß schon fast eine Million Kleinkinder mit Psychopharmaka versorgt werden, um den Normen unserer Gesellschaft entsprechen zu können.
— Westdeutschland muß die Sicherheit seiner knapp über 60 Millionen Einwohner von mehr als 300 000 öffentlichen Bediensteten und knapp einer Viertelmillion privater Wachmänner schützen lassen. 1976 wurden fast 700 000 Deutsche straffällig. Alle fünf Minuten wird allein in der Bundesrepublik, die als zivilisiertes Land gilt, eine Frau vergewaltigt. In westlichen Großstädten gibt es Bezirke, in denen man mit äußerst hoher Wahrscheinlichkeit sogar am hellichten Tag überfallen und ausgeraubt wird.
— Überall in der vom Männlichkeitswahn besonders betroffenen industrialisierten Welt sind bestimmte gesellschaftliche Gruppierungen von anderen durch anscheinend unüberwindbare Klüfte getrennt. Schwarze gegen Weiße, Junge gegen Alte, Arbeitslose gegen Arbeitsbesitzer. Die Gesellschaft zerfällt zu Splittergruppen.
— Heerscharen westlicher Jugendlicher und Erwachsener suchen Zuflucht bei östlichen und häufig dubiosen Sekten. In weiten Teilen Südamerikas regiert der afro-brasilianische Kult der Macumba.

Die Forscher nehmen an, daß diese Hinweise auf den Wandel zum erstenmal zwei bis drei Jahrzehnte vor dem eigentlichen Ereignis auftreten und sich in der Schlußphase intensivieren. Wenn diese Vermutung zutrifft, stehen wir heute kurz vor der Wende.

Parallel zum Zerfall der alten Ordnung erwächst das neue Bild des Menschen und seiner Welt. Fritjof Capra hat drei entscheidende Übergangsbewegungen genannt.

Der erste Übergang, den wir zu bewältigen haben, wird uns durch das nahe Ende des Zeitalters der fossilen Brennstoffe aufgezwungen. Kohle, Erdöl und Erdgas waren die wichtigsten Energiequellen für das Industriezeitalter. Diese Brennstoffe werden nach aktuellen Schätzungen in der ersten Hälfte des nächsten Jahrtausends verbraucht sein. Mit dem Versiegen dieser Energiequellen wird auch das dazugehörende Zeitalter zu Ende gehen.

Der zweite Übergang wird von den Fachleuten als »Paradigmen-Wechsel« bezeichnet. Es handelt sich dabei um eine tiefgreifende Veränderung des Denkens, des Wahrnehmens und der vorhandenen Werte. Im Rahmen dieser Wende müssen der Glauben an die wissenschaftliche Methode als einzig gültiger Zugang zur Erkenntnis, das Bild der Gesellschaft im ständigen Konkurrenzkampf um die Existenz und die Hoffnung auf immerwährendes materielles Wachstum aufgegeben werden.

Eng damit zusammen hängt ein für die Männer schmerzhafter Übergang: Nach Ansicht von Sozialwissenschaftlern wird das Patriarchat zerfallen. Die Rettung vor dem Ende liegt in den Händen der Frauen.

Der Demeter-Persephone-Stil

Von den Wissenschaftlern ist die Rolle der Frau als »Demeter-Persephone-Stil« bezeichnet worden. Ebenfalls aus der griechischen Mythologie entlehnt, soll dieser Begriff im Gegensatz zum Ödipus-Verhalten des Mannes stehen.

In Homers »Hymne an Demeter« geht es um die Mutter (Demeter) und ihre Tochter (Persephone). Persephone wird von Hades in die Unterwelt verschleppt. In ihrer Trauer um die Tochter weigert sich Demeter, irgend etwas wachsen zu lassen. Als allmächtige Mutter der Erde, verfügte sie damals noch über unbeschränkte Macht über die Natur. Die Ernten fallen aus, Mensch und Tier verhungern.

In Anbetracht der ernsten Lage schaltet sich Zeus ein. Er überredet seinen Bruder Hades, Persephone zu ihrer Mutter zurückzuschicken. Vorher jedoch muß sie den Samen von Granatäpfeln essen. Das bedeutet, daß sie künftig immer einen Teil des Jahres bei Hades in der Unterwelt verbringen wird.

Demeter ist überglücklich, ihre Tochter wiederzuhaben. Während sie mit Persephone zusammen ist, bringen die Menschen reiche Ernten ein, die Bäume blühen, die Tiere sind fruchtbar. Alles auf Erden gedeiht. Während der Monate aber, die Persephone bei Hades verbringen muß, fällt Demeter wieder in Trauer. Abermals straft sie die Natur mit Unfruchtbarkeit. Der Winter fällt übers Land.

Für den Psychologen David McClelland ist die Aussage dieser Geschichte klar: »Frauen sind die Quelle des Lebens.«

Typisch ist auch, was dem Mutter-Tochter-Gespann wiederfährt: Die beiden Frauen werden übervorteilt und beraubt – zum Schluß jedoch triumphieren sie. Auf die Unterwerfung folgt ein machtvolles, geordnetes Leben. Unter diesen Gesichtspunkten ist der Demeter-Persephone-Stil für die Entwicklung unserer Gesellschaft nur zu begrüßen. Die unterworfene Frau wird die Macht erringen. Aus Chaos und Destruktion entsteht eine neue Welt.

Die Bornemann-Liste

Den Unterschied zwischen der Männergesellschaft vergangener Zeit und einer zukünftig weiblich geprägten Gesellschaft hat der Sozialwissenschaftler Professor Ernest Bornemann auf der Grundlage des geschichtlichen Rückblicks in einer Synopse zusammengestellt.

weibliche Strukturelemente	männliche Strukturelemente
Zusammengehörigkeit	Vereinzelung
Verkittung der Gesellschaft	Aufspaltung der Gesellschaft

Kollektivismus	Individualismus
Zusammenarbeit	Konkurrenz
Gegenseitiger Beistand	Jeder für sich
Betätigung als Wunsch, etwas Bleibendes zu erzeugen	Betätigung als Abreaktion von Neid und Frustrierung
Hingabe	Ausbeutung
Sicherheit	Erwerb
Dezentralisation	Zentralisation
Selbständigkeit	Autorität
Initiative	Befehl und Gehorsam
Vergebung	Bestrafung
Vorbeugung	Vergeltung
Verteidigung	Aggression
Liebe	Pflicht
Arbeit als Befriedigung	Arbeit als Mittel zum Geldverdienen
Keine Herrschaft des einen Geschlechts über das andere	Herrschaft des Mannes

Die Bornemann-Liste der weiblichen Pluspunkte für eine Gesellschaftsform der Zukunft ist damit noch längst nicht beendet. Aber in allen Bereichen findet Bornemann bei der Frau Werte, die schon in den dreißiger und vierziger Jahren der Harvard-Soziologe Pitirim Sorokin als Bestandteile einer neuen Kultur vorausgesagt hat: Ein Utopia, das auf Liebe und Vertrauen, gegenseitige Achtung und Teilnahme begründet ist. Männer und Frauen werden in dieser Gesellschaft dank der integrativen weiblichen Kraft wahre Brüder und Schwestern sein. Gewalt und Zwang – typisch männliche Herrschaftsmittel – werden Überzeugung und gutem Willen weichen.

Daß sich das Demeter-Persephone-Prinzip, eine der Ursachen für die in der Bornemann-Liste aufgeführten weiblichen Vorzüge, nicht so leicht gegen das überkommene Ödipus-Syndrom durchzusetzen vermag, beweist sich allerdings heute schon.

Die Hexe Thatcher

Noch haben sich die Männer, das zeigen Umfragen der Österreichischen Sozialwissenschaftlichen Studiengesellschaft, kaum Gedanken über ihre Schwächen gemacht. »Es liegt«, sagt die Wiener Staatssekretärin Franziska Fast in ihrem Kommentar zu der Studie, »in der Psyche des Menschen begründet, das Erkennen über eigene Unzulänglichkeiten zuerst einmal zu verdrängen.« Damit hat sie grundsätzlich recht, nur übersieht Franziska Fast, daß nicht alle Menschen Männer sind. Frauen sind durchaus eher in der Lage, eigene Schwächen und Fehler einzugestehen und dann auch ihr Verhalten flexibel zu korrigieren.

Alle weibliche Flexibilität bleibt aber vergebens, wenn die Mehrzahl der Männer, starr wie Relikte aus der Urzeit in der gesellschaftlichen Landschaft verharren. Dann wird trotz des unabwendbaren Endes des Männlichkeitskultes eintreten, was Elizabeth Gould Davis befürchtet: »Seine letzten Tage werden durch ein Aufflammen einer alles erfassenden Gewalttätigkeit und Verzweiflung erhellt, wie es die Welt bisher kaum gesehen hat.«

Wie hilflos-aggressiv die Männergesellschaft auf weibliche Macht reagiert, demonstriert sich in ihrem Verhalten gegenüber den wenigen weiblichen Staatschefs auf dieser Erde. Die britische Premierministerin Maggie Thatcher hat sich zwar dem Männlichkeitsideal schon so weit angepaßt, daß sie als einziger Mann unter den Regierungschefs der EG-Länder gilt. Das hilft ihr aber auch nichts. In den Karikaturen einer der größten europäischen Wochenzeitschriften wird sie als böse grinsende Hexe auf dem Besenstiel verunglimpft. Ihre Verhandlungspartner, die Kanzler und Präsidenten der anderen EG-Länder, schichten in der Zeichnung schon das Holz für den Scheiterhaufen auf.

Das Experiment Weiblichkeit

In der neueren Zeit hat es in unserer westlichen Welt bisher nur ein Beispiel für den Versuch gegeben, mit einer Frau als Ministerpräsident andere, weibliche Ideen von Politik in Angriff zu nehmen. Dieses Experiment dauerte allerdings nur fünf Monate. Vom 1. August 1979 bis zum 3. Januar 1980 führte Maria de Lourdes Pintasilgo die portugiesische Regierung. Dann wurde sie wieder von einem Mann ersetzt. In dieser kurzen Zeit hat Frau Pintasilgo gezeigt, wie eine Politik der Weiblichkeit gestaltet werden könnte. Zwar gelang es ihr nicht, eine neue Gesellschaftsform zu realisieren. Aus ihrer Regierungszeit wurde jedoch deutlich, wie es aussehen kann, wenn weibliche Prinzipien in die Praxis übernommen werden.

Das »Experiment Weiblichkeit« in Lissabon fand unter erschwerten Bedingungen statt. Jahrzehntelang hatte Europas Armenhaus unter der Diktatur eines einzigen Mannes gestanden. Erst mit der Nelkenrevolution 1974 wurde dieses Regime beseitigt.

Vor dem Hintergrund dieser Geschichte begann Maria de Lourdes Pintasilgo ihre Amtszeit. Die drei wichtigsten Merkmale dieser Arbeit im Sinne einer »Feminisierung« der Politik waren für den Kulturphilosophen Roger Garaudy die Zuwendung der Regierung Pintasilgo zu den Armen, Besitz- und Rechtlosen im Gegensatz zu den Gepflogenheiten männlicher Politiker, sich zunächst der Unterstützung einflußreicher Interessenverbände, Bankiers und Industriebosse zu versichern. Das zweite Merkmal ist die Entsakralisierung der Macht und ihres Rituals, die Entprofessionalisierung der Politik und daraus folgend die Möglichkeit für jeden, sich zu beteiligen. Als drittes Merkmal entdeckte Garaudy, wieder übereinstimmend mit der Bornemann-Liste, die Dezentralisierung.

In einem Land wie Portugal, wo der Macho-Kult noch immer so obskurse Blüten wie den Stierkampf treibt, durfte das Experiment Weiblichkeit der Ministerpräsidentin Pintasilgo nicht lange genug währen, um Früchte zu tragen. Aber immerhin ist es der Politikerin gelungen, sich selbst Gewißheit darüber zu schaffen, »daß wir am Morgen eines tiefgreifenden Wandels der Gesellschaft stehen«.

Nicht begriffen hat das bislang nur eine Minderheit. Diese hat heute noch alle Entscheidungsgewalt in den Händen: die Männer. Nur sehr langsam nähert sich die Zahl der Nachdenklichen unter ihnen der »kritischen Masse«, die einen weitgreifenden Bewußtseinswandel ermöglicht. Die Erlösung der Menschheit vor dem Männlichkeitswahn, die Rettung durch die Frau, ist deshalb ein langwieriger Prozeß. Aber er hat schon eingesetzt und muß bis zur Jahrtausendwende abgeschlossen sein. »An den Männern liegt es«, sagt Roger Garaudy, »sich darüber klar zu werden, daß ohne eine Feminisierung der Gesellschaft die gesamte Menschheit buchstäblich überhaupt keine Zukunft mehr hat.«

Die sanfte Gewalt

Roger Garaudy machte sich seine Sorgen um die Zukunft der Menschheit im Jahr 1980, als er das Manuskript zu dem Buch »Der letzte Ausweg« schrieb. Unterdessen hat die Zukunft begonnen. Bei Expeditionen jenseits der verkrusteten Strukturen parteipolitischen Handelns und gesellschaftlicher Fixierungen entdecken sensible Beobachter bereits die ersten Zeichen der sanften Gewalt.

Für Fritjof Capra ist die feministische Bewegung schon »eine der stärksten kulturellen Zeitströmungen und wird sich tiefgreifend auf unsere weitere Evolution auswirken«. Weitgehend unbemerkt von der etablierten Gesellschaft, aber erstaunlich beständig, haben die Frauen weltweit ein Netzwerk von immenser Wirkung aufgebaut. Unter Verzicht auf hierarchische Strukturen stehen sie als unerschütterliche Kraft hinter Friedensaktionen, Bürgerinitiativen und Umweltorganisationen.

Nicht von dem männlichen Zwang geplagt, ständig zu protzen und imponieren zu müssen, halten sie sich der Öffentlichkeit fern und können deshalb ihre Arbeit effektiv und fast verschleißfrei fortführen. Ihnen ist es gelungen, ohne Verzicht auf Autonomie länderübergreifende Kommunikationssysteme zwischen alternativen Gruppen zu errichten, Schranken abzubauen und unterschiedlichste Ansichten zu integrieren.

Beeindruckt meldete der Futurologe Robert Jungk, einer der engagiertesten Beobachter dieser neuen Entwicklungen: »Wenn jetzt die vielen verschiedenen, auf eine gewaltlose Veränderung des Lebensstils und Lebensziels hinarbeitenden Kräfte zueinander finden, weil sie Gemeinsamkeiten entdecken, dann ist auch das vor allem der vermittelnden Tätigkeit von Frauen zu verdanken. Sie spinnen und weben an einer Zukunft, in der zerrissene Zusammenhänge wiederhergestellt, ›typisch männliche‹ Überschreitungen des Verantwortbaren und Erträglichen wieder zurückgenommen werden sollen.«

Heimlich hat sich ein Teil unserer Gesellschaft schon aus seinen biologischen und gesellschaftlichen Irrtümern befreit. Das Konzept für den neuen Menschen ist entwickelt.

Der Kampf der Geschlechter

»Gott war so lange eine Frau, bis sie es sich anders überlegte.«

(Wandspruch, Damentoilette)

Der Kampf der Geschlechter

Die Sensation von Catal Hüyük

Der Archäologe James Mellaart begann Ende 1961 im Süden der Türkei mit Ausgrabungen, die ein sensationelles Ergebnis haben sollten. Schicht für Schicht arbeitete sich der Expertentrupp bei Catal Hüyük in die Vergangenheit vor, Stadt türmte sich über Stadt. Noch bevor die letzte Schicht erreicht war, stand mit Hilfe der modernen Radiokarbon-Methode fest, daß Catal Hüyük mindestens 9 000 Jahre alt ist.

Allein dieses Alter war für die Wissenschaftler auf dem Grabungsfeld in Anatolien schon von Bedeutung. Zur Sensation wurde Catal Hüyük jedoch, als die Archäologen auf die Grabstätten stießen. Die ehrenvollen Begräbnisse waren offenkundig den Frauen vorbehalten. Die Gebeine der Männer wurden schlicht ins Leichenhaus geworfen. Daß die Kultur, die sich hier ausdrückt, von Frauen beherrscht war, »ist offensichtlich«, meldete Mellaart. Die Theorie, einst hätten Frauen die Erde beherrscht, war in Catal Hüyük bestätigt worden.

Noch unangenehmer für die Gegner der Hypothese vom früheren Matriarchat war die Rekonstruktion der damaligen Verhältnisse. Es ging mitnichten drunter und drüber, es herrschte kein Leben voll Zank und Intrigen, wie es die Frauenfeinde unter den Gelehrten gern gehabt hätten. Im Gegenteil, in Catal Hüyük hatte über tausend Jahre hinweg kein Krieg gewütet, die Gesellschaftsform war geordnet. Es gab weder Tier- noch Menschenopfer, die Frauen wurden als Oberhaupt der Familie anerkannt.

Besonders wichtig erschien den Fachleuten, daß sie überall Heiligtümer entdeckten, die augenfällig einer weiblichen Göttin geweiht waren. Die Wände waren von zahlreichen Paaren weiblicher Brüste verziert. Körperlos ragten sie aus der ebenen Oberfläche hervor, als hätten sie eine eigene Existenz. In den Tempeln wurden Stierhörner gefunden – das Symbol des Halbmondes und der mythischen Großen Göttin. An die Mauern war das Zeichen der Mutterherrschaft gemalt, die heilige Doppelaxt der Kreter und der Amazonen.

117

Das Geheimnis der Geburt

Der Stier gilt den Fachleuten als das untrügliche Zeichen für die Herrschaft der Frauen. Der Widder und seine Verehrung dagegen symbolisieren die Machtübernahme durch den Mann. Das sind zwar nur Spekulationen, aber vieles spricht dafür, daß die Geschicke unserer Urahnen von einer großen Göttin gelenkt wurden, die gern Gnade vor Recht ergehen ließ und sich durch eine ausgeprägte Vorliebe für Frieden und Harmonie hervortat.

Folgerichtig wurden, so steht zu vermuten, die Frauen als das göttliche Wesen betrachtet und verehrt. Der Mann zeichnete sich durch Bedeutungslosigkeit aus. Sein Verlust war leicht zu verschmerzen, deshalb wurde er zur Jagd geschickt, wo das Verletzungsrisiko höher als zu Hause in der Höhle war. Dort hielt die Frau die Fäden in der Hand, begann durch die Eideidei-Kommunikation mit den Kindern die Sprache zu entwickeln und erwarb Ausdauer und Zähigkeit, wenn sie den Wohnort verließ. Mit Kind und Kegel streifte sie durch die Wälder, sammelte eßbare Pflanzen, Beeren und Pilze und schleppte erheblich mehr Nahrungsmittel nach Hause als der Mann, der sich im damaligen Urwald, nach heutigen Verhältnissen schlecht ausgerüstet, schwer tat, Beute zu erlegen.

Sein familieninterner Wert sank überdies durch die Tatsache, daß damals, zu Beginn der Menschheit, niemand den Zusammenhang zwischen Beischlaf und Geburt erkannt hatte. Der Koitus war eine ziellose Triebhandlung. Die Fortpflanzung war Frauensache, geheimnisumwittert und deshalb fast unheimlich.

Der Mann war dereinst nicht nur überflüssig, er wurde auch als ein solches Wesen behandelt. Es gibt keine Hinweise dafür, daß die herrschenden Frauen dabei grob vorgingen. Anscheinend akzeptierten sie den Jagdgenossen mütterlich und wohlwollend. Er hatte zwar nicht viel zu sagen, wurde aber auch nicht diskriminiert oder verfolgt, wie es später die Männer mit den Frauen machten.

Allerdings gab es auch keinen Grund für die Mütter der Menschheit, den Mann zu unterdrücken. Übereinstimmend wird er als demütig-friedfertig, weniger übereinstimmend von einigen Forscherinnen als dümmlich bezeichnet. Zumindest scheint sicher zu sein, daß er zur kulturellen Entwicklung nichts beitrug. Die Frauen entdeckten zuerst, daß Steine und Äste als Werkzeug verwendet werden können. Ehrfürchtig beobachteten die Männer dann sogar, als sie eines Tages von ihren Streifzügen zurückkamen, wie die Frauen mit seltsamen Holzstücken in gebückter Haltung zugange waren: Die Mütter hatten die Hacke erfunden und betrieben zum erstenmal Landwirtschaft. Das war nicht nur ein geradezu revolutionärer Vorgang, in der Sprache der Soziologen war es statussteigernd. Der Sohn hatte noch mehr Grund, zur Mutter aufzusehen.

Unzensiertes Material

In allen Mythen auf der ganzen Welt taucht eine weibliche Gottheit als Schöpferin des Universums, der Erde und der Menschen auf. »Als oben die Himmel noch nicht gebildet waren und unten die Erde noch keinen Namen hatte«, heißt es im ersten festgehaltenen Schöpfungsbericht, »brachte Tiamat beide hervor ... Tiamat, die Mutter der Götter, die Schöpferin des Alls.«

Männer neigen heute dazu, die alten Mythen als wenig verläßlich abzutun – vor allem, wenn deren Aussage ins männliche Weltbild nicht so recht paßt. Sie pflegen dann auch zu ignorieren, was die Jung-Schülerin Esther Harding in ihren »Frauenmysterien« sehr präzise belegt hat. Esther Harding sagt: »Die Mythen und Riten archaischer Religionen stellen den Niederschlag naiver Projektionen von psychologischen Wirklichkeiten dar. Sie sind nicht durch Rationalisierung verzerrt, denn im Reich der Seele haben primitive und antike Völker nicht gedacht, sondern sie empfanden mit inneren Sinnen oder mit Intuition, wie wir es ja schließlich auch heute noch tun.« Es

119

bleibt deshalb nichts anderes übrig, als anzuerkennen, daß diese Mythen »unzensiertes Material« enthalten, »aus dem ein Schatz an Wissen über die innere Wirklichkeit, die dem Gruppenleben zugrunde liegt, gehoben werden kann«.

Der Istar-Tammuz-Mythos

Eine der wichtigsten unter den großen Göttinnen war Istar von Babylon, die in anderen Ländern auch als Artemis und Isis verehrt wurde. Sie ist als Mondgöttin die Verkörperung jener Naturkraft, die sich im Geben und Nehmen des Lebens zeigt. Sie ist die Allmutter, von der alles Leben ausgeht. Pflanzen, Tiere und Menschen sind ihre Kinder.

Sie ist aber auch die Mutter eines Sohnes: Tammuz, der die Vegetation verkörpert. Zum Manne herangereift betrieb Tammuz, was einst üblich schien, heute aber als ungehörig gilt: Er wurde zum Liebhaber der eigenen Mutter. Istar genießt das – stellt aber ihre eigenen, zyklischen Regeln für das Mutter-Sohn-Verhältnis auf. Immer wenn das Jahr sich wendet, muß Tammuz in die Unterwelt verschwinden. Sein Tod ist der Tod der Vegetation. Alles Grün stirbt in der sengenden Sommerhitze.

Anscheinend nicht glücklich mit den Folgen ihrer Entscheidung macht Istar sich aber Jahr für Jahr auf, ihren Sohn und Liebhaber zu erretten. Sie begibt sich auf die gefährliche Reise in die Unterwelt. Für diejenigen, die oben zurückbleiben, bedeutet das nichts Gutes. Eine furchtbare Depression fällt über die Erde. Sämtliche Fruchtbarkeit versiegt. In einem per Keilschrift auf einer uralten Tafel eingemeißelten Bericht über die »Höllenfahrt der Istar« heißt es: »Nachdem die Herrin Istar nach Kurnugea hinabgestiegen, bespringt der Stier nicht mehr die Kuh, beugt sich der Esel nicht mehr über die Eselin, beugt sich der Mann nicht mehr über das Weib in der Gasse.

Es schlief der Mann an seiner Stätte, es schlief das Weib für sich allein.«

Während auf der Erde das unfreiwillige Zölibat ausbricht, hat die Göttin im »Land ohne Wiederkehr« ganz andere Probleme zu lösen. Auf der Suche nach ihrem Sohn muß sie sechs unterirdische Tore passieren. An jeder Pforte wird ihr ein Teil ihres Schmucks abgenommen, der ihre Macht symbolisiert. Schließlich hat sie zwar Tammuz, aber sie steht bar aller Macht da.

Dank einer göttlichen Fügung gibt es doch ein Happy-End. Mit Lebenswasser besprüht, taucht das inzestuöse Paar Istar und Tammuz aus der Unterwelt wieder auf. Auf der Erde wächst und gedeiht die Vegetation, Tiere und Menschen vermehren sich – bis die Tragödie sich ein Jahr später wiederholt.

Aufmüpfige Männer

Das Drama der großen Göttin spiegelt die Realität wider. Offenkundig war der vorgeschichtliche Sohn zwar keine große Leuchte, aber auch nicht so beschränkt, wie uns feministische Altertumsforscher gern glauben machen wollen. Der frühe Mann war selbst nicht sonderlich kreativ und mußte auch die Erfindung des Töpferns der Frau überlassen (eindeutig weibliche Fingerabdrücke auf den ältesten bekannten Keramiken beweisen das), aber im Nachmachen zeigte er beachtliche Fähigkeiten.

Im Lauf der Zeit muß der Mann auf die Idee gekommen sein, die weibliche Hacke umzudrehen und durch die Erde zu ziehen: Der erste Pflug furchte den Boden. Später spürten die Männer sogar die Geheimnisse der Fortpflanzung auf. Sie begannen zu ahnen, daß sie mit der Entwicklung neuen Lebens mittelbar wohl doch etwas zu tun haben mußten. Alle Verschleierungsversuche der Mütter haben diese männliche Erkenntnis nicht verhindern können. Der Mann wurde ge-

wahr, daß er sich bisher unter Wert verkauft hatte. Die Erbfolge war
an die Töchter gekoppelt. Frauen suchten sich die Männer aus, wie
es ihnen beliebte. Sie dienten als Fortpflanzungsmaschine, aber an
eine Ehe dachte keine der Mütter.

Die Männer hatten es zwar nicht schlecht – aber plötzlich fühlten
sie sich für nicht voll genommen. Wie ein Bumerang kam jetzt auf
die Frauen zurück, daß sie bislang ihre Männer zur Jagd in den Wald
gescheucht hatten. Dort hatten die Jäger im Laufe der Jahrtausende
ihren Körper den Verhältnissen angepaßt und scharfe Sinne mit Mus-
kelpaketen vereint. Das brachten sie gegen die weiblichen Stammes-
mütter zum Einsatz. Aber selbst die wohlwollenden Mütter schienen
gegen die nun aufmüpfigen Männer ihre Geduld verloren zu haben.
Jedenfalls bildeten sich umherstreunende Männergruppen, die wahrscheinlich wegen unbotmäßigen Verhaltens aus der Sippe gestoßen
worden waren und marodierend durch die Lande zogen, immer bereit, um Besitz und Weiber zu kämpfen.

Konterrevolution des Matriarchats

Die paradiesischen Zustände im Reich der Mütter gingen dem Ende
zu. Gelegentlich werden archäologische Beweise für die Wirren dieser Ära gefunden. Der weibliche Stier mußte kämpfen, hatte aber
gegen den männlichen Widder keine Chance.

Sir Leonard Woolley beschreibt den langen Kampf der Geschlechter in seinem Bericht von der alten Stadt Alalakh in Anatolien.
1300 Jahre lang wechselten die Besitzer dieser Siedlung. In den verschiedenen archäologischen Schichten folgen Stier- und Widderbild-
nisse so aufeinander, daß sie anzeigen, wann Matriarchat und wann
Patriarchat an der Macht waren. Die oberste, jüngste Schicht deutet,
daß die Männer den Kampf gewonnen haben. Zwischen den Resten
eines zertrümmerten Stierbildnisses lag die stark entstellte Kalkstein-

figur einer sitzenden Göttin. Im Schutt der zerstörten weiblichen Symbole gab es nur einen einzigen völlig erhaltenen Gegenstand: den weißen Kalksteinkopf eines Widders.

Dem historischen Endsieg der Männer, etwa um die Zeit um 1200 v. Chr., gingen unruhige Jahre voraus. Zum erstenmal wurde die Frauenherrschaft von Alalakh im 3. Jahrtausend v. Chr. von einfallenden Nomaden gestürzt. Die Heiligtümer der Göttin wurden einem männlichen Gott geweiht, Stierskulpturen durch Widderköpfe ersetzt. Doch um 1900 v. Chr. schlug das Matriarchat in einer Art Konterrevolution zurück. Der Tempel der neuen Götter wurde bis auf die Grundmauern niedergerissen und der Palast des patriarchalen Königs durch Feuer zerstört. Die alte große Göttin erhielt – vorübergehend – wieder ihren angestammten Platz.

Die Adam- und Eva-Lüge

Den siegreichen Männern stand nach ihrer Machtergreifung eine gewaltige Aufgabe bevor. Sie machten sich daran, in einer gigantischen Fälschungsaktion die Geschichte der Welt umzuschreiben. Alle Spuren der Göttinnen und der weiblichen Herrscher auf Erden wollten sie tilgen. Dieses Unterfangen darf als erster Beleg männlichen Größenwahns gelten. Es mußte mißlingen, und es ist mißlungen. Die Wirklichkeit läßt sich – den Göttinnen sei Dank – nicht mit Worten verkleistern.

Besondere Mühe haben sich die Hebräer gegeben, die einst wie all ihre Nachbarn eine weibliche Gottheit verehrten. Ihr Name war Iahu-'Anat und von den Sumerern gestohlen. Das allerdings paßte nicht mehr ins Zeitalter der Männer. Iahu-'Anat wurde skrupellos aus der Erinnerung verbannt und dafür eine völlig verdrehte Abschrift der babylonischen Tiamat-Saga ins alte Testament übernommen. Aus der Göttin Tiamat wurde ein männlicher Allmächtiger: »Am Anfang schuf Gott den Himmel und die Erde.«

Diese erste Fälschung wurde zur Grundlage eines ganzen Lügengebäudes, das heute als altes Testament bekannt ist. »Die ersten vier Kapitel der Schöpfungsgeschichte«, warnt Robert Graves, »sind ein sehr spätes literarisches Produkt. Sie wurden erst Ende des 5. Jahrhunderts v. Chr. von einem Priester in Jerusalem verfaßt, nachdem er aus dem Exil zurückgekehrt war.«

Theodor Reik hat vor allem die Legende von Adam und Eva auf ihren Wahrheitsgehalt genauer untersucht und auch er kommt zu einem vernichtenden Ergebnis: »Eine Geschichte wie der Bericht in der Genesis von Evas Erschaffung aus der Rippe Adams ist in ihrer Wunderlichkeit Teil einer grotesken Phantasie ... Die Überlieferung, daß Adam Eva geboren habe, ist eine Umkehrung der ursprünglichen Fassung, nach der Adam aus der großen Erdgöttin geboren wurde.«

Der frauenverachtende Trend in der manipulierten Schöpfungsgeschichte setzt sich fort in der Beschreibung des Sündenfalls. Dort soll die Frau, ebenso verdorben wie gierig, zum Apfel gegriffen haben und – Höhepunkt weiblicher Unverschämtheit – auch Adam ins Unheil gestürzt haben. Zweitausend Jahre lang diente der Mythos von Evas Schuld der Kirche dazu, die Frau zu züchtigen und sie in eine unterwürfige, bußfertige und schuldbeladene Position zu versetzen. Der wahre Tatbestand, das sagen moderne Spekulationen, ist dennoch zu erkennen. Erich Fromm sieht in Eva »die Frau, die dem Mann überlegen ist. Sie ergreift die Initiative und fragt Adam vorher nicht um Rat.«

Die Marienangst

Auch später taten sich die männlichen Geschichtsschreiber schwer, alles auszumerzen, was an die ursprüngliche »große Göttin« hätte erinnern können. Dem historischen Wendemanöver wäre beinahe sogar Maria zum Opfer gefallen. Konstantin hatte die Zerstörung aller Göttinnentempel im ganzen Reich befohlen und die Marienverehrung streng verboten. Er fürchtete, daß ihre Anbetung die ihres Sohnes in den Schatten stellen würde.

Überdies, so zeigt sich aus heutiger Sicht, ist Maria auch in anderer Hinsicht eine riskante Figur. Sie hat Jesus, ihren Sohn, ohne männliches Zutun empfangen und gerät damit zum Beleg dafür, daß Parthenogenese, die Jungfernzeugung, an der momentan im Labor experimentiert wird, möglich ist.

Aus Maria ist Gottes Sohn entstanden, der Retter der Welt, damit das Produkt einer Frau. Offenkundig werden damit die uralten Mythen bestätigt, die auch für die heutige Menschheit immer noch Relevanz haben. Heute noch ist in südamerikanischen Ländern der Marienkult weit bedeutsamer als die Verehrung ihres Sohnes. Und wenn es um Hilfe aus Not oder um göttliche Gnade geht, pilgern selbst mitteleuropäische Katholiken gern zu Marienbildnissen. Dort dürfen sie mehr Hoffnung auf das Prinzip Vergebung der alten großen Göttin haben als bei den männlichen Repräsentanten des Himmels.

Hexenverbrennungen

Anders als im Matriarchat zeigten sich die neuen männlichen Herrscher nicht duldsam gegenüber dem anderen Geschlecht. Die Unterdrückung der Frau zieht sich wie ein roter Faden durch die Geschichte der vergangenen Jahrtausende. Milde und maßvolles Verhalten sind nicht Sache des Mannes. Systematisch hat er alle Machtpositionen besetzt. In der Familie wurde der Mann zum Oberhaupt, gegen dessen Wort es noch in der Generation unserer Eltern kein Widerwort geben durfte. Er hat die Gesetzgebung okkupiert und die Einhaltung der männlichen Regeln streng überwacht.

Sogar die Tradition der Priesterinnen fiel der neuen Gesellschaft zum Opfer. Zwar tragen unsere Geistlichen noch die alten, weiblichen Talare, aber zum Priesteramt zugelassen werden in der katholischen Kirche bis heute nur Männer. Unter Berufung auf eine Erklärung der römischen Kongregation für die Glaubenslehre vom 15. Oktober 1976 bekräftigten kürzlich die deutschen Bischöfe: »Die Kirche hält sich aus Treue zum Vorbild ihres Herrn nicht dazu berechtigt, die Frauen zur Priesterweihe zuzulassen.«

Für berechtigt hielt sich die Kirche aber im Mittelalter, Tausende von Frauen im Rahmen der Inquisition auf dem Scheiterhaufen bei lebendigem Leib zu verbrennen. Besonders gern fiel die Wahl der Kirchenmänner auf Frauen, die alte, mythische Weisheiten in die düstere Zeit der Ritter und Edelmänner hinübergerettet hatten. Sie wurden als Hexen verdammt und eingeäschert.

Für den Tod in den Flammen gab es aber noch viele andere Anlässe. Aus der Geschichtsschreibung sind als Gründe für die Vernichtung von Frauen bekannt: Bedrohung des Gatten, Widerspruch gegen den Priester, Diebstahl, Prostitution, Ehebruch, Geburt eines unehelichen Kindes, Analverkehr, Selbstbefriedigung, lesbische Liebe, Vernachlässigung der Kinder, Boshaftigkeit und Keifen. Sogar eine Fehlgeburt konnte zum Todesurteil für die Frau führen, auch wenn diese durch einen Stoß oder Schlag des Gatten verursacht worden war.

Genaue Zahlen über die Opfer der mittelalterlichen Frauenverfolgung sind nicht bekannt. Experten nehmen jedoch an, daß für jeden Mann, der auf dem Scheiterhaufen landete, 10 000 Frauen ihr Leben ließen.

Die Papst-Panne

In diese Zeit der grausamen Vernichtung von Frauen fällt für die Männerkirche ein Ereignis, das derart peinlich ist, daß es seit etwa drei Jahrhunderten systematisch dementiert und verheimlicht wird. Es gibt jedoch Dokumente, die belegen, wie sich die katholische Kirche in früheren Jahrhunderten von einer Frau austricksen ließ.

Der Kardinal, der 853 Papst Leo IV. auf den Heiligen Stuhl folgte, war diesen Unterlagen zufolge – eine Frau. Sie wird heute in den Bereich der Legenden verwiesen und als Päpstin Johanna bezeichnet. Angesichts der Tatsache, daß Legenden immer einen wahren Kern enthalten, erscheint es allerdings höchst glaubhaft, daß es einem jungen englischen Mädchen gelungen sei, zum »Stellvertreter Gottes auf Erden« zu werden. Die junge Engländerin soll sich als Mönch verkleidet auf den Weg nach Athen gemacht haben. Nach den Angaben der Katholischen Enzyklopädie von 1910 tat sie sich dort »in der Gelehrsamkeit so sehr hervor, daß ihr kein Mann gleichkam«. Sie erhielt einen Titel, kam nach Rom und wurde zum Kardinal ernannt. 853 war sie Papst.

Unglücklicherweise scheint sich Johanna, ähnlich wie die Kirchenmänner der damaligen Zeit, nicht ans Zölibat gehalten zu haben. Während einer Prozession soll sie, der Legende zufolge, ein Kind geboren haben. Baby und Mutter wurden auf der Stelle gesteinigt. Als Todesdatum wird das Jahr 855 angegeben.

Von diesem Zeitpunkt an war die Kirche vorsichtiger. Johannas Nachfolger auf dem Heiligen Stuhl mußte als erster Papst sein Geschlecht überprüfen lassen. Wenig glaubhaft erklärte die Kirche, die das Existieren einer Päpstin Johanna leugnet, sie habe mit diesem Test verhindern wollen, daß ein Eunuch zum Papst gewählt würde.

Der »Pfui-Teufel-Zyklus«

Die Frau mitten im Zentrum der katholischen Kirche war ein ziemlich einmaliger Coup in der Geschichte der vergangenen Jahrtausende. Das Patriarchat hatte die Ehre und Bedeutung der Frau bereits soweit demontiert, daß die Betroffenen selbst an ihre Minderwertigkeit zu glauben begannen. Prügel vom Ehemann waren im Mittelalter nicht der Rede wert. Im 17. Jahrhundert galt eine Frau als völlig ausreichend gebildet, wenn sie das Bett ihres Gatten von der Liegestätte eines anderen unterscheiden konnte.

Kaum hatten sie die Macht übernommen, so waren die Männer extrem mißtrauisch gegenüber allem, was an die enge Verbindung der Frau zur mittlerweile abgesetzten Mondgöttin erinnerte. Speziell der weibliche Zyklus, der ebenso wie die Zeit von einem Vollmond zum nächsten, 29,5 Tage dauert und in die Menstruation mündet, schien dem Mann eine gar zu intensive Erinnerung an die Zeiten des Matriarchats zu sein. Die Menstruation wurde deshalb zu einem »Pfui-Teufel-Thema« im wahrsten Sinne des Wortes.

Angstvoll mied der Mann deshalb das weibliche Blut und verließ in diesen Tagen manchmal gar das Ehebett. Mit den »satanischen« Ausflüssen wollte er nichts zu tun haben. In der Naturgeschichte des Plinius sind die Gefahren, die von der Menstruation ausgehen sollen, in einer Liste zusammengestellt, die weit länger ist als die Aufzählung der Risiken, die man bei der Begegnung mit Barbaren eingehen muß. Heute noch gilt es in verschiedenen Gebieten Europas als bedenklich, wenn eine menstruierende Frau eine Brauerei betritt – das Bier könnte sauer werden.

Frauenhandel

Bis zum 18. Jahrhundert ließen die Frauen Mitteleuropas und Nordamerikas die Demütigungen und die Unterdrückung durch die Männer geduldig über sich ergehen. 1706 jedoch wagte erstmals eine christliche Frau den öffentlichen Aufstand. In ihrem Buch »Reflection on Marriage« (Betrachtungen über die Ehe) klagte Mary Astell: »Für die Erziehung der Knaben wendet man viel Zeit, Mühe und Geld auf, für die der Mädchen wenig oder gar nichts. Die ersteren werden frühzeitig mit den Wissenschaften vertraut gemacht, studieren Bücher und Männer und haben jede erdenkliche Ermutigung: Nicht nur Ruhm, sondern auch Ansehen, Macht und Reichtum. Das andere Geschlecht wird ausgeschlossen, eingeschüchtert und geschlagen ... Von Kindheit an wird es von jenen Vorteilen ferngehalten, für deren Mangel man es später zur Rechenschaft zieht. Und es wird in jener weiblichen Kleinlichkeit erzogen, die ihm nachher vorgeworfen wird ... Kein Mann kann eine Frau mit überlegenem Verstand ertragen, und keiner wird eine Frau höflich behandeln, weil er meint, er stehe über ihr, und sie sei einsichtig genug, sich entsprechend seinen Anordnungen zu verhalten.«

Zum Leidwesen der Männer nahm aber die Zahl der Frauen immer mehr zu, die sich nicht mehr widerspruchslos diskriminierenden Anordnungen des angeblich stärkeren Geschlechts fügen wollten. Erbost registrierten sie Aussagen wie die folgende von Jonathan Swift: »Ein klein wenig Verstand schätzen wir bei einer Frau so, wie wir uns über die wenigen Worte eines Papageien freuen.«

1791 veröffentlichte in Frankreich Olympe de Gouges eine Erklärung der Frauen und Bürgerinnen. Nach dem Motto: »Wenn die Frau das Recht hat, aufs Schafott zu steigen, muß sie auch das Recht haben, auf die Tribüne zu steigen«, forderte sie politische Beteiligung. Wie einseitig die Männer bereit waren, Rechte an Frauen zu vergeben, zeigte sich zwei Jahre später. Olympe de Gouges kam nicht auf die Rednertribüne, sie starb im November 1793 unter der Guillotine.

Das alles konnte aber den Widerstand der Frauen gegen das Patriarchat nicht mehr aufhalten. Die Männer gingen nun dazu über, ihre Frauen als Menschen zu ignorieren. »Sie waren«, sagt Elizabeth Gould Davis, »eine besondere Art von Eigentum, nicht ganz so wie Häuser oder Lasttiere, aber auch nicht ganz Menschen. Sie durften an gerichtlichen Prozessen nicht teilnehmen, nicht als Zeugen aussagen, keine Verträge abschließen, kein Eigentum besitzen und weder Güter noch Land kaufen oder verkaufen.«

In Amerika begann man, den Mädchen bei der Taufe Namen zu geben, mit denen man früher Schoßhunde oder Kätzchen gerufen hatte. Als Flossie, Kitty oder Mandy waren sie zum amüsanten Spielzeug degradiert.

Notfalls dienten die Ehefrauen dazu, die Haushaltskasse zu sanieren. Sie wurden einfach verkauft; ihr Marktwert entsprach etwa dem eines Pferdes. Verkaufsort war deshalb folgerichtig häufig der Pferdemarkt. 1815 unterzeichnete ein gewisser John Osborne anläßlich einer derartigen Transaktion folgendes Dokument: »Ich, John Osborne, bin damit einverstanden, mich von meiner Frau Mary Osborne und meinem Kind zu trennen und sie an William Serjeant zu übergeben für den Betrag von einem Pfund, womit ich auf alle meine Ansprüche verzichte. Als Zustimmung setze ich hier unten mein Zeichen. Maidstone, 3. Januar 1815.«

Noch vor etwa hundert Jahren konnte in England ein Mann seine Frau oder Tochter völlig legal zur Prostitution anhalten – vorausgesetzt sie waren älter als sechzehn. Erst 1891 verbot das Gesetz zum erstenmal, die Ehefrau hinter Schloß und Riegel gefangenzuhalten, wie es beispielsweise der Gouverneur Yeo regelmäßig getan hatte, wenn er auf Reisen ging.

Weibliche Reservearmee

Viel geändert an der männlichen Mentalität hat sich unterdessen nicht. 1977 berichtete ein 33jähriger Betriebswirt in einem deutschen Wochenmagazin, nach welchen Kriterien er seine künftige Ehefrau ausgesucht habe: »Ich hab' 'ne Instandhaltungsgruppe gesucht, 'nen Bügelautomaten, 'ne Waschmaschine, 'nen Bohnerbesen, jemanden, der danebenher auch noch meinen Nachwuchs großzieht.«

Der Betriebswirt demonstrierte mit diesen Äußerungen zwar, daß er die Rechtsentwicklung der vergangenen Jahre verschlafen hatte, mit seiner Ansicht folgt er jedoch unbestritten dem männlichen Trend. »Der Mann von heute«, weiß die Soziologin Helge Pross seit einer Repräsentativbefragung von 400 deutschen Männern im Jahr 1977, »denkt im Prinzip wie sein Vater und Großvater . . . An seiner Ideologie hat sich nichts geändert.«

Der Großvater hatte noch gewaltige Probleme mit seinem überkommenen Rollenverständnis, als 1896 das erste Mädchen zum Abitur auf einer preußischen Knabenschule zugelassen wurde. Der unerhörte Vorgang glich einer gesellschaftlichen Revolution. Aufruhr gab es auch, als im Jahr 1900 die ersten Studentinnen die Universität Heidelberg betraten. Sie wurden von den Kommilitonen mit Schuhescharren empfangen und als Blaustrümpfe geschmäht.

Die Väter des deutschen Grundgesetzes lehnten nach dem Zweiten Weltkrieg den von der SPD-Vertreterin eingebrachten Antrag: »Männer und Frauen sind gleichberechtigt« zweimal ab. Gebeugt wurden sie durch öffentliche Frauenempörung, überzeugt wohl kaum.

Inzwischen haben die Männer gelernt, ihr wahres Gesicht hinter einer freundlich lächelnden Maske zu verbergen. Die plumpen Bändigungsversuche an der aufmüpfigen Frau von einst gelten heute als veraltet. Das Patriarchat hat subtilere Methoden gefunden. Stromlinienförmig paßt es sich rein äußerlich den neuen gesellschaftlichen Gepflogenheiten an. Hinter der schnittigen Karosserie der Ex-

Machos und Neu-Softies verbirgt sich aber meist ein kaum verändertes männliches Rollengehabe. Die Männer bereiten sich darauf vor, die alte Masche klammheimlich ins nächste Jahrtausend hinüberzuretten. Immer noch werden Frauen diskriminiert, bei der Entscheidungsfindung in Politik und Gesellschaft übergangen und zum Sexualobjekt degradiert.

Typisch zeigt sich dieses Verhalten in der Familie. 1976 enttarnte das Bonner Institut für Angewandte Sozialwissenschaft (Infas) in einer empirischen Untersuchung das, was sich in Wirklichkeit hinter dem scheinbar allgemeingültigen Leitbild der Partnerschaft in der Ehe verbirgt: die traditionelle Rollenverteilung. »Die Frau bleibt für den internen Bereich der Familie zuständig«, meldet Infas, »die Domäne des Mannes liegt in der Außenwelt.«

Die Frau darf zwar bei kleineren alltäglichen Dingen mitreden. Bei großen, langfristig bedeutsamen Entscheidungen aber hat der Ehemann nicht nur das letzte, sondern oft auch das einzige Wort. Bei Vertragsabschlüssen entscheidet in 41 Prozent der Ehen ausschließlich der Mann. Selbst beim abendlichen Termin vor der Mattscheibe bestimmt der »Herr im Haus« in jeder vierten Familie, ohne Widerspruch zu dulden, welches Programm eingeschaltet wird. »Es wird deutlich«, sagt Infas, »daß der Mann quantitativ wie qualitativ die dominantere Position in der Familie hat ... Partnerschaft und Gemeinsamkeit stellen sich damit noch eher als eine wünschenswerte Norm denn als praktisch verfolgtes Leitbild dar.«

Immer noch glauben 37 Prozent der verheirateten Männer, die Frau sei »von Natur aus« für Haushalt und Familie da und solle sich aus Beruf und Öffentlichkeit heraushalten. 43 Prozent lehnen eine Berufstätigkeit der Ehefrau kategorisch ab, weil diese den männlichen Status des Familienernährers abwerten könnte. Der Rest akzeptiert zwar – oft aus finanziellen Gründen dazu gezwungen – wenn die Frau die Haushaltskasse durch eigene Arbeit mitfüllt, aber er tut alles, um sie dabei nicht übermütig werden zu lassen. Frauen verdienen am gleichen Arbeitsplatz noch immer weniger als ihre männlichen Kollegen. Die 16,6 Millionen erwerbstätigen Männer der Bundesrepublik kassieren 72 Prozent der gesamten Lohn- und Gehaltssumme, während sich die 10,2 Millionen arbeitenden Frauen die restlichen 28 Prozent teilen.

Genaue Vorstellungen haben die Männer, wo Frauen hingehören, wenn sie sich schon weigern, am heimischen Herd zu verbleiben. Entscheidungs-Positionen bleiben für sie weitgehend gesperrt. In nur 27 der 8 500 bundesdeutschen Gemeinden und Städten bekleiden Frauen das Amt des Bürgermeisters. Im Bundestag liegt der Anteil weiblicher Parlamentarier unter der 10-Prozent-Marge – dabei sind die Frauen unter den Wählern die absolute Mehrheit.

Engagieren dürfen sich Frauen nach männlicher Ansicht im Dienstleistungsgewerbe, wo sie, wie in der Luftfahrt, auch unter erschwerten Arbeitsbedingungen stets ein freundliches Stewardessen-Lächeln parat haben sollen. Branchen mit hohem Frauenanteil sind deshalb das Gesundheitswesen (82 Prozent), Reinigung und Körperpflege (81 Prozent), Hotel- und Gaststättengewerbe, Einzelhandel, Kirchen, Verbände, Textil und Kleidung (je 67 Prozent), Kreditgewerbe, Post und Rechtsberatung (je 53 Prozent).

Wenn die männliche Marktwirtschaft allerdings Schwächen zeigt, müssen die Frauen sogar dort ihre Positionen räumen. Die evangelische Kirche beklagt, »daß die Frauen als leicht manipulierbare Reservearmee und schwächstes Glied in der Kette der Arbeitnehmer je nach Bedarf auf dem Arbeitsmarkt hin- und hergeschoben werden, und zwar oft auf die schwersten und am schlechtesten bezahlten Arbeitsplätze«.

Unbezahlte Basisarbeit

Eine der anstrengendsten Arbeiten überhaupt ist den Frauen exklusiv überlassen. An ständig wechselnden Einsatzplätzen, die häufig mit zwar teuren und komplizierten, aber wenig durchdachten Apparaten ausgestattet sind, muß die Frau sich ständig auf unzählige unterschiedliche Aufgaben einstellen. Dort gibt sie zwar ein Drittel der nationalen Arbeitsleistung, taucht damit aber in keiner Statistik auf oder wird gar im Bruttosozialprodukt oder im Bruttoinlandsprodukt berücksichtigt. Obwohl die Politiker sich üblicherweise von Ziffern beeindrucken lassen, wird in diesem Fall so getan, als trage die Frau zum nationalen Reichtum nichts bei.

Die Rede ist von der Hausarbeit, der eigentlich selbst überzeugte Patriarchen als Grundlage unseres Wohlstands Anerkennung zollen müßten. Sie verhilft – in diesem Weltbild – der Familie zu ihrer Funktion und schafft die Infrastruktur für den berufstätigen Mann. Von daheim aus erreicht er in den Industrieländern Morgen für Morgen gut ernährt seinen Arbeitsplatz, um als Arbeiter oder Angestellter das Bruttosozialprodukt zu mehren. Der Mann wird für seine Tätigkeit, die nicht selten erheblich weniger Einsatz erfordert als die Hausarbeit, gut bezahlt. Die Hausfrau, die ihm dieses Leben möglich macht, geht leer aus.

Ihre Basisarbeit, ohne die nichts liefe in der Welt, wird von der Männergesellschaft als selbstverständlich und womöglich sogar als Pflicht betrachtet. Lohn ist dafür nicht vorgesehen, Anerkennung selten. Einiges Aufheben um die Hausarbeit wird nur dann gemacht, wenn – sehr selten – ein Mann diese Tätigkeit übernimmt. Der Hausmann ist in den westlichen Ländern allemal einen Bericht in den Medien wert.

»Ladies only«

Heute allerdings scheint ein Problem auf die Männer zuzukommen, mit dem sie nicht gerechnet haben. Jahrtausendelang haben sie die Frauen zum zweitklassigen Menschen degradiert, zum Wohlverhalten im Haus, am Herd und im Bett dressiert und höchstensfalls als Gebärmaschine geschätzt. Nach so langer Erziehungsarbeit hatten die Männer das nicht erwartet, was jetzt vehement geschieht: Die Frauen wollen sich ihre Deklassierung nicht mehr gefallen lassen. Es ist die Rede von Arbeitsniederlegungen in der Küche, und selbst ein globaler Gebärstreik wird schon diskutiert.

Die Feministinnen schlagen zurück. Zunächst begannen sie, den Männern mit ihren eigenen Waffen zuzusetzen. Den alltäglichen Sexismus der Machos drehten sie einfach um. Wo sich bislang Busengrapscher selbstherrlich das Recht zum ständigen Zugriff auf die Frau genehmigten, nahmen nun plötzlich einige Frauen die Sache des Mannes in die Hand. Demonstrativ packten sie in aller Öffentlichkeit sein wertvollstes Glied an und zeigten ihm damit, wie man sich als Sexualobjekt fühlt.

Der »Playboy« wurde durch das »Playgirl« ergänzt, indem sich nun Männer in ebenso dämlichen Stellungen abbilden ließen wie die Aktmodelle in Herrenmagazinen. Aus den Peep-Shows schossen die begafften Damen mit Sofortbildkameras zurück und entblößten später ihre männliche Kundschaft, wie sie in der Einzelkabine selbst Hand an sich legte.

Nach dem Vorbild der Stripaufführungen in den Erotiksalons, in denen sich bislang Mädchen zum Lustgewinn der männlichen Zuschauer entkleideten, gibt es heute Lokale, die weiblichen Gästen vorbehalten sind. Für eine Prostitutionsgebühr von einem Dollar müssen sich – beispielsweise in New York – die Boys als Sexualobjekt küssen lassen.

Längst gibt es Frauenlokale (»ladies only«), die für Männer Sperrgebiet sind. Während sich die Männer selbst in den britischen Her-

135

renclubs immer wieder gefallen lassen müssen, daß sich eine Frau Zutritt verschafft, ist aus der Feministinnen-Szene folgender Vorfall überliefert: Eine Mutter mit neunjährigem Sohn wurde aus einer dem schwachen Geschlecht vorbehaltenen Gaststätte verwiesen. Mit dem starken Satz: »Schaff deinen Jung-Ficker hier raus«, machte die Dame am Zapfhahn klar, woher der Wind jetzt weht. Er weht den Männern scharf ins Gesicht.

Bisheriger Höhepunkt des neuen Kampfes der Geschlechter ist der Aufruf der ehemaligen rhodesischen Guerilla-Kämpferin Teurai Ropai Nhongo. 1984 forderte sie vor 3 000 weiblichen Delegierten der Regierungspartei Zanu die Frauen auf, wieder zum Gewehr zu greifen – »diesmal gegen die Vorherrschaft der Männer«. Die Genossen des nach der Selbständigkeit Simbabwe genannten Staates hätten den Frauen zwar die Gleichberechtigung versprochen, den Worten aber keine Taten folgen lassen.

Der Militanz-Verzicht

Hinter den militanten Feministinnen verbirgt sich jedoch eine für die Männerherrschaft viel gefährlichere Strömung. Mit Militanz kann das Patriarchat sicherlich fertig werden. Schließlich haben Männer das Militär, Heere und Kriege erfunden. Kritisch wird die Lage jedoch, wenn Frauen auf männlich-aggressives Verhalten verzichten und weibliche Modelle entwickeln.

Genau das ist derzeit der Fall. Nur vordergründig erscheint die Welt der Machos noch intakt. Mit geduldiger, doch systematischer Wühlarbeit haben die Frauen das Fundament des Patriarchats längst untergraben. Die Männer selbst haben sich unabsichtlich daran beteiligt. Bei ihrer blinden Jagd nach Wachstum um jeden Preis haben sie hemmungslos die Produktionsziffern erhöht. Maschinenkraft mußte Muskeln ersetzen. Roboter erbauen Autos. Die bei der Hatz auf das

Wild in den vorgeschichtlichen Wäldern vom Mann erworbene körperliche Stärke wird plötzlich zunehmend bedeutungslos. Es spielt keine Rolle mehr, ob eine Frau oder ein Mann den Computer bedient oder das Einschaltknöpfchen der automatischen Geräte drückt.

Parallel zu dieser Entwicklung hat sich der Mann seine Fähigkeit genommen, die Frau nach eigenem Gutdünken zu schwängern oder zu verschonen. Als er im letzten Jahrhundert das Kondom erfand und auch verkaufen wollte und Anfang der 60er Jahre dieses Jahrhunderts die Pille auf den Markt warf, gab er der Frau die Entscheidung über Zeugung und Fortpflanzung. Unversehens gewann die Frau die Selbstbestimmung über ihren Bauch. An ihr liegt es, ob der Samen zum bedeutungslosen Beiprodukt eines Vergnügens neutralisiert oder zur Mutterschaft genutzt wird.

Im Rahmen der ungebremsten Wachstums-Ideologie geriet auch ein drittes Bollwerk männlicher Macht ins Wanken. Der Glaube an den Fortschritt ersetzte den Glauben an Gott. Nur jeder dritte Deutsche hält sich noch für einen gläubigen Christen. Die Gefahr dieser Entwicklung wurde zwar von den Männern erkannt, sie konnte aber nicht mehr verhindert werden. Mit der Abwertung Gottes ging auch die Abwertung seines angeblichen Ebenbildes einher. Wo kein biblischer, also männlicher Gott mehr wirkt, da entfällt die himmlische Legitimation für eine Herrschaft des Mannes. »Die Gottlosigkeit unserer Zeit«, formulierte ein Hamburger Nachrichtenmagazin im Frühjahr 1984 den Sachverhalt, »macht die Geschlechter gleicher.«

Die Männer haben den Zug zur Endstation ihrer Herrschaft in Bewegung gesetzt. Sie okkupieren – um dieses Bild beizubehalten – zwar noch den Führerstand und die Plätze im ersten Abteil, in der zweiten Klasse jedoch reisen die Frauen mit. Dort haben sie inzwischen eine Solidarität der Passagiere entwickelt, die es ihnen ermöglicht, am Ziel die Führung in eine neue Zukunft zu übernehmen.

Das ist ein ganz neuer Trend, den die sozialdemokratische Europa-Abgeordnete Heidi Wieczorek-Zeul in einer Rundfunkdiskussion so beschrieb: »Ich bin 1965 in diese Partei eingetreten, da konnten bestimmte Themen nicht diskutiert werden, Aufdringlichkeit von Männern zum Beispiel. Man mußte sich in seinem Verhalten den männlichen Verhaltensweisen anpassen; Frauen untereinander waren unsolidarisch. Es gab die Alibi-Frau, die man geduldet hat, aber sobald das mehr Frauen waren, mußten sie sich untereinander schon verbeißen. Heute lassen sich als Ergebnis der Frauenbewegung Frauen nicht mehr auseinanderdividieren.«

Übereinstimmend stellen die Frauen bei sich selbst ein völlig neues Selbstwertgefühl fest. Sie halten sich zwar nicht für den besseren Menschen, nehmen aber an, daß sie in den vergangenen Jahrhunderten weniger Schuld am jetzigen Zustand unseres Globus auf sich geladen haben als die Männer – weil man ihnen ja nicht einmal für Fehler die Gelegenheit gegeben hat.

Unter diesen Umständen lassen sie sich jetzt nicht mehr als Verfügungsmasse der Männer herumschubsen. Und weil es ihnen überdies möglich ist, sich von männlichen Sachzwängen nicht bis zur Bewegungslosigkeit fesseln zu lassen, können sie vergleichsweise ungeniert für ihre Sache eintreten.

Das Comeback der Großen Mutter

Völlig losgelöst von der beginnenden neuen Wirklichkeit fällt den herrschenden Männern im Moment nur noch die untaugliche Methode der vergangenen Jahrhunderte ein: Sie ignorieren die neue Bewegung. Als zu Beginn 1984 im Europäischen Parlament zum erstenmal über die Situation der 133 Millionen Frauen und Mädchen diskutiert wurde, fielen die Männer dadurch auf, daß sie nicht auffielen: Sie hatten mehrheitlich den Plenarsaal erst gar nicht betreten.

Auf diese Art und Weise entgehen die Politiker zwar den Anschuldigungen der absoluten Mehrheit ihrer weiblichen Wähler, daß sich grundsätzlich an der Situation der Frauen nicht viel geändert habe. Höchstens aus zweiter Hand erfahren sie von dem Unmut, der über die vergleichsweise hohe Zahl weiblicher Arbeitsloser, über die noch immer bestehende soziale Benachteiligung der Frau und über die längst nicht beendete Diskriminierung in Beruf und Gesellschaft herrscht. Sie merken aber dadurch auch nicht, wenn sie plötzlich entthront werden. Ganz Europa lachte im April 1984, als ein Weiberrat die Führung der grünen Bundestagsfraktion im Deutschen Parlament übernahm. Den Männern allerdings blieb nach genauerer Betrachtung der Vorfälle das Lachen im Halse stecken. Es hatte sich folgendes ereignet: Während die Platzhirsche der Bonner Grünen, publikumswirksam und eitel wie immer, hochbrisante politische Themen zerredeten und sich nach Eigenauskunft »gewaltfrei prügelten«, zogen sich die weiblichen Parlamentarier still zurück. Symptomatisch ist, daß kaum einem der Männer das Fehlen der Frauen aufzufallen schien. Nicht einmal als die Frauen wieder da waren und einen sechsköpfigen Weiberrat für die Fraktionsleitung präsentierten, merkten sie, was gespielt wurde. Verdutzt stimmten die Männer für das Feminat, nur sieben Gegenstimmen wurden gezählt.

Nach dem erfolgreich durchgeführten Putsch vergaben die Frauen das Prädikat »völlig verunsichert« an ihre Kollegen, und dem abgewählten Fraktionssprecher fiel nur noch ein Wilhelm-Busch-Zitat ein: »Rums, da geht die Pfeife los!« Nur, daß es diesmal nicht »Witwe Bolte erwischt hat, sondern – ritze, ratze – die bösen Buben selbst«. Überrumpelt räumten die Platzhirsche ihre Positionen den Frauen. Degradiert zum grünen Männchen entdeckte einer von ihnen, vermutlich beim Blick in den Spiegel, daß ihm »Erstaunen bis Entsetzen im Gesicht geschrieben« sei.

Es ist damit zu rechnen, daß auch andere Männer künftig zu dieser Feststellung gelangen – spätestens dann wird das der Fall sein, wenn das Patriarchat erkennt, was die Frauen jetzt vorhaben. Es geht schon nicht mehr um Emanzipation allein. Dieses Zwischenziel halten viele von ihnen für bereits überholt.

Aus der Stärke ihrer Solidarität heraus glauben zahlreiche Frauen heute, nicht mehr sich, sondern das andere Geschlecht verändern zu müssen. Keine Frau mehr will sich selbst zum Mann trimmen. Dafür ist ihr das eigene Geschlecht zu wertvoll. »Man hat im Umgang mit Männern als Frau so viele Verständnisvorsprünge, die ich nicht als Unterdrückung für mich empfinde, die ich als ungeheuren Vorteil empfinde«, formulierte eine der neuen Frauen den Stand der Dinge in einer Radiosendung und folgert daraus: »Wir müßten sehr viel bewußter, stolzer, mit sehr viel mehr Vergnügen ... einbringen, daß wir im Grund immer das Leben im Ganzen sehen, daß wir viel freier sind«. – »Ja«, erwiderte eine andere in derselben Sendung, »aber wie bringt man nun die Männer dazu? Denen würde ich gern das Vergnügen gönnen, ein ganzheitlicher Mensch zu sein, wie bringen wir die nun dazu?«

Aus solchen Sätzen spricht keine feministische Aggression. Das klingt nach fürsorglicher Nachdenklichkeit. Hilflos wird der Mann erkennen müssen, daß das zurückgekehrt ist, was er als endgültig besiegt gewähnt hat: die Große Mutter. Sie wird ihn gütig zur Brust nehmen – auch wenn er sich noch so sträubt.

Das Anima-Prinzip

»Was starr und groß ist, geht abwärts; was biegsam und zart ist, geht aufwärts.«

Lao-tse

Das getrennte Gehirn

1981 erhielt der amerikanische Psychobiologe Roger Sperry vom California Institut of Technology den Nobelpreis für eine gewagte Operation, die er erstmals 1961 durchführte. Zehn Jahre lang hatten Roger Sperry und sein Team Versuche an Tieren vorgenommen, dann wagten sie es, ihre Methode auf Menschen zu übertragen. In einer dramatischen Operation durchtrennten sie das Gehirn von Epileptikern der Länge nach.

Die Wissenschaftler hatten erkannt, daß sich epileptische Anfälle wie elektrische Stürme im Gehirn ausbreiten. Durch das corpus callosum, die aus etwa 200 Millionen Nervenfasern bestehende Verbindung zwischen den beiden Gehirnhälften, toben diese Stürme ungehindert von rechts nach links – oder umgekehrt. Hilflos ist der Epileptiker der Naturgewalt in seinem Kopf ausgeliefert.

Roger Sperry und seine Kollegen hofften deshalb, daß sie die Anfälle eindämmen können, wenn sie das corpus callosum durchtrennten. Die Operationen hatten Erfolg. Die operierten Patienten waren geheilt, negative Folgen konnten zunächst nicht festgestellt werden. Ihre Intelligenz und Persönlichkeit schien nicht beeinträchtigt zu sein. Selbst mehrere medizinische Untersuchungen ließen keine Veränderungen erkennen.

Mit der Zeit stellte sich aber heraus, daß sonderbare Dinge geschahen. Einer der »Split-brain«-Patienten knöpfte sich mit der rechten Hand immer wieder sein Hemd zu. Gleichzeitig versuchte die linke, die Knöpfe zu öffnen. Auch ein anderer Patient konnte sich kaum über »diese unheimliche linke Hand« beruhigen. Sie stieß nämlich immer wieder aggressiv seine Ehefrau weg, während die rechte Hand gleichzeitig hilfesuchend nach ihr griff.

Offenkundig, so mußten die Wissenschaftler aus den Vorfällen schließen, gelingt es dem gespaltenen Gehirn nicht mehr, die beiden Seiten seiner Hemisphäre zu koordinieren. Ohne die verbindende Wirkung des corpus callosum bricht in den getrennten Hirnhälften ein ungesteuerter Kampf aus. Der Schnitt der Neurochirurgen hatte die Einheit zerstört – ein operatives Beispiel männlicher Wirkung.

Systematisch wurde nun untersucht, was im menschlichen Hirn abläuft. Längst schon hatte man vermutet, daß beim Menschen die linke Hirnhälfte für logisches, analytisches Denken und die Sprache zuständig sei. Außerdem empfängt sie – sozusagen im Kreuzungsverkehr – die Sinneseindrücke von rechts und gibt auch Befehle an die rechte Körperseite weiter. Die rechte Hemisphäre dagegen erledigt, was links im Körper getan werden muß. Gleichzeitig gilt sie als Sitz schöpferisch-abstrakter Fähigkeiten; sie ist für das Künstlerische, die Vorstellungskraft und das Träumerische in uns verantwortlich.

Beim gesunden Menschen wirken beide Gehirnhälften zusammen, aber die linke, logisch-analytische, scheint zu dominieren. Immerhin gibt es erheblich mehr Rechtshänder als Linkshänder. Das Verhältnis ist etwa 9 zu 1. Die Tatsache, daß die rechte Hand von der linken Hemisphäre gesteuert wird, gilt als Beleg für den größeren Einfluß dieser Gehirnhälfte. Warum das so ist, ist allerdings noch nicht erforscht. Es gibt zwar Hinweise darauf, daß sich die Spezialisierung der Gehirnhälften im Laufe der Menschheitsgeschichte evolutionär herausgebildet hat, aber niemand ist in der Lage, das zu beweisen. Spekulation bleibt auch die Behauptung einiger amerikanischer Forscher, das männliche Sexualhormon Testosteron sei an der Links-Rechts-Verschiebung unterhalb der menschlichen Schädeldecke beteiligt.

Sicher scheint aber zu sein, daß die rechte, bei der Mehrheit der Menschen vernachlässigte Gehirnhälfte, durchaus einiges bieten kann. Das zeigte sich bei der Untersuchung von Linkshändern, bei denen diese Hemisphäre aus unbekanntem Grund dominiert. Der Psychologe Bryng Bryngelson aus Minnesota hält sie allgemein für kreativer, einfühlsamer und phantasievoller. Der linkshändige US-Fernsehproduzent James T. de Kay schrieb: »Die interessanteste Verschrobenheit der Linkshänder ist ihre nervende Art, statt in geraden Linien in Ellipsen zu denken.«

Auf der Spur des I Ging

Unversehens ist die Wissenschaft bei der Erforschung des Gehirns uralten Erkenntnissen der Menschheit wieder auf die Spur gekommen. Alle Einzelergebnisse der Hirn-Inspektion weisen darauf hin – aber kaum einer der beteiligten Forscher mag bisher die Gesamtschau herstellen. Vom männlichen Zwang beherrscht, alles zu zergliedern, bis der Überblick verloren geht, gelingt es nur wenigen, zu erkennen, daß die Wissenschaft heute bestätigt, was bereits im jahrtausendealten chinesischen Weisheitsbuch I Ging steht: Überall sind die Gegensatzpaare weiblich und männlich präsent. In jedem Menschen sind beide Prinzipien vorhanden.

Im männlichen Körper zirkulieren geringe Mengen des weiblichen Hormons Östrogen. Die Frau verfügt über männliche Androgene. In ihrem Gehirn ist die rechte Hälfte für Kreativität, für die Vorstellungskraft, Intuition und das Denken in harmonischen Kreisbahnen und die männlich-intellektuelle Hemisphäre für analytisches, logisches Denken, das Praktische und Lineare verantwortlich. Typisch allerdings ist, daß die männliche Hälfte des Gehirns allgemein dominiert. Sie steuert den rechten Part des Körpers. Was dort geschieht, gilt in der Männersprache als gut. Im Deutschen ist rechts verwandt mit »richtig« und »Recht«. »Linkisch« und »linken«, Ableitungen des Wortes links dagegen, deuten auf Negatives. Die Ironie der Macho-Wortwahl ist allerdings, daß das »böse«, linke Verhalten vom »guten«, rechten Teil unseres Gehirns verantwortet wird – und umgekehrt.

Das ist dem Prinzip Weiblichkeit seit Jahrtausenden widerfahren. Als das Patriarchat die Macht übernahm, wurde es in die Opposition gedrängt, aber dort scheint es seine Kräfte erneuert zu haben.

Im I Ging wird das weibliche Prinzip mit Yin bezeichnet. Das entgegengesetzte männliche Prinzip heißt Yang. Beide Kräfte stehen in einer unaufhebbaren Wechselbeziehung. »Wenn das Yang seinen Gipfel erreicht«, heißt es im I Ging, »zieht es sich zugunsten des Yin zurück; hat das Yin einen Gipfel erreicht, zieht es sich zugunsten des Yang zurück.«

Einen dieser Wendepunkte hat die Menschheit bereits erlebt. Als das Matriarchat unfreiwillig durch das Patriarchat abgelöst wurde, begann die Zeit des Yang-Triumphs. Jetzt scheint der Pendel in die Gegenrichtung auszuschlagen. Alles deutet darauf hin, daß sich Yang zurückzuziehen hat. Eine neue Yin-Zeit beginnt.

Dynamisches Gleichgewicht

Die Spielregeln des I Ging sind für die männlich-linke Gehirnhälfte mit seiner linearen Programmierung schwer zu begreifen. Darum fällt es besonders Männern nicht leicht, die Hintergründe der Yin-Yang-Polarität zu erkennen. Das weibliche Gehirn ist mit seiner aufwendigeren Vernetzung zwischen linker und rechter Hemisphäre für diese Erkenntnis aufgeschlossen. Frauen finden deshalb eher Zugang zum Gedankengut des I Ging.

Es ist aber auch Männern möglich, mit dem Gedankengut des I Ging umzugehen, weil auch sie eine rechte, komplexen und zunächst unlogisch erscheinenden Vorgängen aufgeschlossene Gehirnhälfte haben.

Das I Ging stammt aus einer patriarchalischen Kultur. Vor etwa 3000 Jahren, als das Yin-Yang-Prinzip erstmals aus den Mythen, Legenden und Versen Chinas entwickelt wurde, hatte sich dort längst eine Männer-Macht fest etabliert. Über die Jahrtausende hinweg ist es den Chinesen jedoch gelungen, die Erinnerung an die weiblichen Ursprünge unserer Menschheit nicht zu verschütten. Yin und Yang strukturieren, in der chinesischen Denkweise, das Tao. Tao steht gleichzeitig für den Ursprung und das Ziel aller Dinge und des Universums. Es beinhaltet die Begriffe »Chaos«, »Nichts«, »Alles« und »Sinn«.

In diesem Weltbild stellen Yin und Yang keine unabhängigen Variablen dar. Sie erscheinen keinesfalls völlig losgelöst voneinander, sondern bedingen sich gegenseitig. Beide sind dem jeweils anderen Prinzip beständig ausgesetzt. Was gut ist, ist nicht Yin oder Yang, sondern das dynamische Gleichgewicht zwischen beiden. Ungleichgewicht ist schlecht oder schädlich. Das I Ging propagiert eine Harmonie, die die verschiedenen Teile zu einem ästhetisch befriedigenden Ganzen vereint. Um das Beispiel von Tag und Nacht zu erklären: Nicht die Dämmerung, die alle Konturen verwischt, ist im Sinne des I Ging der Idealzustand, sondern der zyklische Wandel zwischen Hell und Dunkel, in dem jeder Zustand seinen Wert und tieferen Sinn hat.

Ego contra Öko

Die Tiefenpsychologin und Sinologin Sukie Colgrave hat eine Liste der wesentlichen, im I Ging enthaltenen Eigenschaften der beiden Prinzipien aufgestellt:

Yin	Yang
Beziehung	Individualisierung
Raum	Zeit
Gemeinschaft	Hierarchie/Ordnung
Nicht-Urteilen	Urteilen
Absichtlosigkeit	Absicht
Ernährendes	Befruchtendes
Einheit	Polarität
Spontaneität	Planung
Akausalität	Kausalität
Ganzheit	Differenzierung

Schon auf den ersten Blick wird deutlich, welche dieser Prinzipien in unserer Zeit dominieren. Yang hat auf Kosten von Yin die Macht übernommen. Das Handeln der gesamten Welt wird von Yang-Werten bestimmt. Yin-gemäßes »Öko-Handeln« ist, nach den Worten Fritjof Capras, gegenüber dem Yang-bestimmten »Ego-Handeln« hoffnungslos ins Hintertreffen geraten. Capra klagt: »Rationale Erkenntnis galt mehr als intuitive Weisheit, Wissenschaft mehr als Religion, Konkurrenz mehr als Kooperation, Ausbeutung von Naturschätzen war wichtiger als ihre Bewahrung, und so weiter. Diese Betonung des Yang, noch unterstützt durch das patriarchalische System und weiter ermutigt durch die Vorherrschaft der auf Sinneswahrnehmung beruhenden Kultur während der vergangenen Jahrhunderte, hat zu einem tiefgreifenden kulturellen Ungleichgewicht geführt, das seinerseits die Wurzel unserer heutigen Krise ist – mangelndes Gleichgewicht in unserem Denken und Fühlen, unseren Wertvorstellungen und Verhaltensweisen sowie in unseren gesellschaftlichen und politischen Strukturen.«

Der Schatz im Psycho-Müll

Da uns die Yin-Yang-Problematik selbst innewohnt, ist auch in unserem Bewußtsein die Dominanz des maskulinen Yang-Prinzips zu finden. Alles Weibliche wird unterdrückt. Das Männliche triumphiert. Das verheißt im Weltbild des I Ging natürlich nichts Gutes. Das Gleichgewicht der Kräfte ist gestört, eine Beziehung zwischen beiden Prinzipien kann nur schwer erstellt werden. »Wenn ein Mann seine Beziehung zu dem weiblichen Element in sich selbst nicht entwickelt«, warnt der Psychologe A. B. Ulanov, »leidet er bestenfalls an einer partiellen Reduzierung seines Wesens und schlimmstenfalls an einer ernsten Geisteskrankheit.«

Aus diesem Blickwinkel betrachtet, müßten fast alle Männer krankgeschrieben werden. Den Anstoß zu dieser deprimierenden Diagnose hat ein Mitarbeiter Freuds gegeben: der Schweizer Psychologe C. G. Jung.

Beide haben erfolgreich versucht, hinter die Ebene des Bewußtseins zu schauen. Doch während Freud dort, im sogenannten Unbewußten, vor allem eine Ablagerungsstätte für alles dem Bewußtsein Unbequeme, Unerwünschte oder nicht Brauchbare sieht, geht Jung einen Schritt weiter. Er nimmt an, daß es tatsächlich die Freudsche Lagerhalde mit persönlichen und kollektiven unbewußten Inhalten gibt, betrachtet das Unbewußte auch als den »schöpferischen Mutterboden des Bewußtseins«. Außerdem glaubt er an eine zweite Lagerstätte jenseits des Bewußtseins. Dort sind archetypische, mythologische Zusammenhänge verstaut, die sich im Laufe der Menschheitsgeschichte angesammelt und vererbt haben. Weit weg vom bewußten Zugriff warten sie dort, bis ihre Brauchbarkeit wieder erkannt wird.

Zu den wertvollsten Schätzen dieser weitgehend unbenutzten Lagerstätte gehört das Anima-Prinzip. Es ist nach C. G. Jung das weibliche, das heißt empfangende, treibende, animalische Prinzip im Mann, gleichsam »eine innere Persönlichkeit, die diejenigen Eigenschaften aufweist, die der äußeren bewußten und manifesten Persönlichkeit abgehen«. Mit einem ähnlichen Phänomen hat auch die Frau zu leben. Ihr verinnerlichter Gegenpol wird von Jung Animus genannt, der Inbegriff des Denkens, Fühlens und Wollens. Unter äußerem Zwang durch die Männergesellschaft scheint der Frau zumindest ansatzweise der Vorstoß ins Unbewußte gelungen zu sein. Gewisse Teile der Frauenbewegung zeigen jedenfalls, daß bereits Animus-Inhalte ans Tageslicht geraten sind.

Das birgt zwar für die betroffenen Frauen einige Probleme, weil es nicht so leicht ist, die bislang verborgene, gegengeschlechtliche Seite der Persönlichkeit zu integrieren. Aber mit diesen Schwierigkeiten kann die Frau in einer dem Animus wohlgesinnten Männerwelt fertig werden.

Viel komplizierter ist die Situation des Mannes, der jahrtausendelang versucht hat, für seine unerwünschte weibliche Seite eine Endlagerstätte zu finden. Alles was mit dem Anima-Prinzip verbunden ist, hat für ihn einen negativen Beigeschmack. Immer wieder hat der Mann deshalb neue Absperrschichten über die Frau in sich selbst gehäuft. Doch genausowenig wie es gelingt, radioaktive Überreste aus den Atomkraftwerken für alle Ewigkeit sicher zu beseitigen, so ist es dem Mann nicht geglückt, seine Anima völlig zu verbannen. In seinem Unbewußten ist das Anima-Prinzip verborgen und kämpft um einen Anteil an seiner Persönlichkeit. Wenn der Mann an dieser inneren Zwietracht nicht scheitern will, muß er – spätestens jetzt – beginnen, das Anima-Prinzip ins Bewußtsein zu fördern. Das allerdings, sagt Sukie Colegrave, ist »nicht so einfach. Während unsere Kultur viele Möglichkeiten bietet, die maskuline Seite unseres Bewußtseins zu schulen, fehlen die gleichen Möglichkeiten, das Feminine zu entwickeln.«

Der sanfte Weg

Das Anima-Prinzip anzuerkennen, bedeutet jedoch nicht, alles Männliche zu verleugnen. Folgt man der Theorie des I Ging, haben beide Seiten unseres Bewußtseins eine Bedeutung. Nicht zufällig hat Yang vor Tausenden von Jahren ganz allmählich das weibliche Yin ersetzt. Genauso langsam, aber auch ebenso unweigerlich, muß Yang nun durch Yin ergänzt werden.

Das Neue am Anima-Prinzip ist der sanfte Weg, den es wählen wird. Es geht nicht um die Zerstörung der männlichen Prinzipien. Heute geht es um seine Bereicherung durch bislang unterdrückte Werte. Nicht im Kampf der Geschlechter liegt die Zukunft, sondern in der Harmonie und gegenseitigen Ergänzung. Um das angesichts unserer offensichtlich von den Männern an den Rand des Abgrunds gestoßenen Welt akzeptieren zu können, muß man erkennen, daß wir heute die letzte, schlimme Phase des Männlichen erleben.

Zunächst hatte das maskuline Prinzip vor allem wünschenswerte Auswirkungen. Nach Ansicht von Tiefenpsychologen löste es erstmals die dumpfe Verstrickung der Menschheit in eine instinktive und emotionelle Abhängigkeit von der Natur. Es befreite das Bewußtsein und schaffte die Möglichkeit, den Kosmos zu verstehen, anstatt von ihm versklavt zu werden. »Es erlaubte dem Menschen«, schreibt Sukie Colegrave in ihrem Buch »Yin und Yang«, »seine Indiviudalität und innere Freiheit zu entdecken, anstatt dem Zwang der kollektiven Impulse der Gruppe ausgeliefert zu sein. Durch das Maskuline erlangte der Mensch eine bis dahin unbekannte Möglichkeit, seine Gesellschaft nach seinen eigenen Vorstellungen von Recht und Ordnung einzurichten.«

In der Evolution des menschlichen Bewußtseins war das ein gewaltiger Schritt, der Kunstwerke wie Shakespeares Dramen, Goethes Dichtung oder Beethovens Symphonien hervorbrachte. Es war übrigens auch der Schritt, der es ermöglichte, tief durchdachte, allgemeingültige Weisheitsbücher wie das I Ging zu schreiben. Allerdings war es auch ein Schritt in den männlichen Größenwahn, dessen schreckliche Folgen einst Nero in Rom, vor kurzem Hitler im Europa demonstrierten und zur Zeit die Männer auf unserem ganzen Globus verdeutlichen.

Beim Gewaltmarsch in das männliche Bewußtsein ist das, was das Anima-Prinzip verkörpert, auf der Strecke geblieben. Der Mann hat zwar das »Ich« entdeckt und damit Unabhängigkeit und Autonomie erlangt. Dabei hat er aber seine Umwelt aus den Augen verloren. Das mag zunächst ganz sinnvoll gewesen sein, um Verwechslungen mit dem undifferenzierten, bisexuellen Prinzip der Anima auszuschließen. »Aber«, wie Sukie Colegrave sagt, »wenn einmal genügend Unabhängigkeit von dem alten Bewußtsein erreicht ist, dann braucht die Gesellschaft ebenso wie das Individuum den Einfluß des Femininen, um Grausamkeit, Unterdrückung, Zerstörung der Umwelt und psychologische Vereinsamung zu vermeiden, die aus dem Drang, die Natur zu beherrschen und die Instinkte zu unterdrücken, entstehen können.«

Verbotener Bereich

Noch ist den Männern die Bedeutung des Anima-Prinzips für die Entwicklung unseres Bewußtseins und das Fortbestehen der Welt nicht ganz klar. Kaum jemand hat sich damit beschäftigt. Überzeugt, im Besitz der einzig richtigen Antworten auf alle Fragen des Universums zu sein, hat sich der Mann nur mangelhaft um das Feminine im Bewußtsein gekümmert.

Erst C. G. Jung hat eine Tür zu diesem verbotenen Bereich aufgestoßen. Nur wenige hatten allerdings den Mut, das von Jung geöffnete Tor zu passieren. Zu ihnen gehören vor allem Tiefen- und Parapsychologen. Einer derjenigen, der sogar Erkenntnisse im Sinne des Anima-Prinzips aus diesem Neuland mitgebracht hat, ist der Psychoanalytiker Erich Neumann. Zurück in der Macho-Welt gelang es ihm im Vergleich, den Wert dieses Prinzips zu erkennen: »Wir gebrauchen ›patriarchal‹ und ›matriarchal‹ als psychologische Bezeichnungen, die nur sekundär auf politische Zustände, Machtbereiche usw. anzuwenden sind. Eine ›patriarchale Kultur‹ und ihre Werte stehen deshalb im Gegensatz zu den Werten und Haltungen, die für ein ›matriarchales Bewußtsein‹ gültig sind, das eine ›primäre‹ Form des Bewußtseins überhaupt darstellt und dessen bevorzugter Träger das Weibliche ist. In diesem Sinne handelt es sich bei der Ablösung des matriarchalen Bewußtseins durch das patriarchale um einen Entwicklungsfortschritt. Wenn man aber um die psychologischen Schwächen und Gefahren der patriarchalen Kultur weiß, deren extreme Form in der abendländischen Modernen zu einer die gesamte Menschheit gefährdenden Krise geführt hat, dann wird man den Irrtum vermeiden, das ›matriarchale Bewußtsein‹ nur als ein archaisches Erbe und das Weibliche als ›relativ unentwickelt‹ zu betrachten.«

Mit Hilfe der Erkenntnisse von Fachleuten ist es deshalb heute möglich, den von Männern systematisch lädierten Ruf des Anima-Prinzips zu rehabilitieren.

Das aggressive, expandierende und wettstreitorientierte Verhalten der Männer wird vom Anima-Prinzip durch eine andersgeartete Aktivität ergänzt, die lange Zeit als Passivität verkannt wurde. Sie wirkt nicht zerstörend, weil sie nie gegen die Natur gerichtet ist. Sanft paßt sie sich an, ohne das Ziel der Veränderung aus den Augen zu verlieren. Männliche Aktivitäten dagegen brechen Widerstände – und zerstören sich damit oft selbst. Es ist ein Unterschied, ob man etwa die Natur vorübergehend schont, um sie danach um so besser der Produktivität und den menschlichen Bedürfnissen dienstbar zu machen, oder ob man sie aus Achtung vor der tiefen Verbundenheit von Mensch und Umwelt schützt.

Das lineare Denken des Mannes und sein Glaube an unbegrenztes wirtschaftliches und technologisches Wachstum wird vom Anima-Prinzip durch kybernetische, nichtlineare Denkmuster ergänzt. Nicht bedingungslos das machen, was machbar ist, lautet im Anima-Prinzip die Devise. Es wird gefördert, was sinnvoll und verträglich ist. Das Weibliche ist sich der Gesetzmäßigkeiten im Ablauf von Regelungs- und Steuerungsvorgängen bewußt. Ihm ist längst klar, was die Wissenschaft erst heute wieder entdeckt: Alle Phänomene der Welt sind miteinander verbunden und voneinander abhängig. Sie bilden – sei es vom psychologischen, biologischen oder soziologischen Standpunkt aus betrachtet – Systeme, wobei jedes System Teil eines übergeordneten Ganzen und zugleich übergeordnetes Ganzes von Untersystemen ist.

Moleküle bilden Organellen, die ihrerseits in Zellen zusammenarbeiten. Zellen verbinden sich zu Gewebe und Organen. Diese sind wiederum Bausteine größerer Netzwerke wie Herz, Nervensystem oder Gehirn. Im Zusammenspiel daraus wird der lebendige Mann und die lebendige Frau; beide sind Untersysteme in Familie, Gesellschaft und Nation. Daß diese miteinander vernetzte Welt weder Anfang noch Ende hat, sondern – gleichsam kreisförmig – in sich geschlossen ist, kann keine Erkenntnis linearen Denkens sein. Hier ist das kybernetische Vorgehen des Anima-Prinzips erforderlich.

Der männliche Drang nach Ordnung, Kontrolle und Macht wird vom Anima-Prinzip durch Integration, Kooperation, Kompromiß und Ausgleich ergänzt. Selbst Frieden ist dem Mann nur ein Mittel zum Machterhalt. Das hat vor einigen Jahren Professor R. J. Rummel von der Universität Hawaii nachgewiesen. Zwölf Jahre lang fütterte er einen Computer mit Millionen von Einzelinformationen über Hunderte von internationalen Aktivitäten. Zu den Daten gehörten beispielsweise Exportziffern, Verträge, diplomatische Konferenzen, Bündnisse und Kriege. Der Computer setzte diese Aktivitäten dann mathematisch in bezug zu den Nationaleigenschaften der verschiedenen Länder, etwa ihren Reichtum, ihre Staatsform, politische Ideologie, Machtverhältnisse, Rasse, Religion und ihren Bildungsstand. Nur eine einzige Eigenschaft kristallisierte sich als friedensrelevant heraus: Macht. Das Anima-Prinzip dagegen will Frieden ganz einfach um des Friedens willen.

Das männliche Ich-Bewußtsein, seine Unabhängigkeit und sein Ziel, alles bewußt zu erfassen, wird vom Anima-Prinzip durch den Zugang zum Unbewußten, durch eine Ganzheits-Schau, aber auch geringere Individualität, ergänzt. Dem Mann gilt als verdächtig, was nicht mit den fünf nachgewiesenen Sinnen (Sehen, Hören, Fühlen, Riechen, Schmecken) erfaßt und dann möglichst noch gemessen werden kann. Das Anima-Prinzip ermöglicht den Zugang zur Welt des in der Männergesellschaft als paranormal Geltenden.

Das Koestler-Erbe

Anfang 1983 wurde der Schriftsteller Arthur Koestler zusammen mit seiner Frau Cynthia in einem Haus am Stadtrand von London tot entdeckt. Das Ehepaar hatte Selbstmord begangen. Bei der Obduktion fanden Mediziner Alkohol und eine hohe Dosis des Schlafmittels Tuinal im Blut der beiden.

Koestler hatte den gemeinsamen Selbstmord sorgfältig vorbereitet. In einem Abschiedsbrief erklärte er: »Der Grund für die Entscheidung, meinem Leben ein Ende zu setzen, ist einfach und zwingend: die Parkinsonsche Krankheit und eine Art der Leukämie, die langsam aber sicher zum Tod führt.«

Bereits 1982 hatte der 77jährige Koestler ein Testament verfaßt. 500 000 englische Pfund, fast zwei Millionen Mark, wollte er der britischen Universität vermachen, die innerhalb eines Jahres den ersten Lehrstuhl für Parapsychologie einrichten würde.

Die ehrwürdigen Institute von Cambrigde und Oxford lehnten entschieden ab, sich mit der Erfassung von Bewußtseinsinhalten auf einem anderen Wege als der Vermittlung durch die gewöhnliche Sinneswahrnehmung zu beschäftigen. Die Wissenschaftler können sich gerade noch damit abfinden, daß sich in der überkommenen Psychologie Tatbestände einschleichen, die mangels eines gemeinsamen Maßstabes nicht zu messen sind. Warum, so müssen sich etwa die Markt- und Werbepsychologen fragen, glauben die Käufer, ein Kühlschrank mit bläulicher Innenfarbe sei leistungsstärker als das gleiche Modell in rosarot? Warum schmeckt ein und derselbe Wein aus einer Zwei-Liter-Flasche mit billigem Etikett schlechter, als aus einer 0,7-Liter-Flasche mit goldfarbenem Wappen und Preismünze? Und warum hört die Mehrzahl der Testpersonen das Sprichwort »Schweigen ist Gold, Reden ist Silber«, obwohl der Versuchsleiter ausdrücklich betont hat: »Schweigen ist Reden, Silber ist Gold«?

Für solche zunächst unerklärlichen Phänomene hat die traditionelle Psychologie eine Erklärung gefunden: Subjektiv bildet sich der

Mensch offenkundig das ein, was gar nicht existiert. Irritiert gaben die Experten diesem Vorgang die Bezeichnung Irradiation. Die vernünftige Männerwelt kann damit nachgewiesene Unvernunft wissenschaftlich integrieren.

Ganz anders liegt der Fall in der Parapsychologie. Nachdem dieser Bereich der menschlichen Psyche als abweichend (= para) ausgegrenzt wurde, darf nicht wahr sein, was dort geschieht. Bis kurz vor Ablauf der von Koestler gesetzten Frist sah es deshalb auch so aus, als finde sich kein Abnehmer für die 500 000 Pfund. Zwar hatte sich Prinz Charles, der als Spiritist gilt und Kanzler der Universität von Wales ist, vermittelnd eingeschaltet, aber selbst blaues Blut blieb in dieser Frage ohne Bedeutung, wo es doch um mehr als Treue zum Königshaus ging. Es ging darum, unmännliche Forschung von den Universitäten fernzuhalten. Erst im letzten Augenblick fand sich doch noch eine Lösung. Die Parapsychologie wurde zur Grenzwissenschaft erklärt, deren Phänomene mit männlichen Methoden geklärt (oder verschleiert) werden sollen. Ein dafür geeigneter Psychologe wurde an der Universität von Edinburgh gefunden, der das Koestler-Erbe zufloß.

Bislang ist es der »männlichen« Naturwissenschaft allerdings nicht gelungen, die parapsychologischen Vorgänge auf den und jenseits der selbst gezogenen Grenzlinien als nicht vorhanden zu brandmarken. »Entweder«, klagt deshalb der amerikanische Psychologe Paul Chance in der US-Zeitschrift »psychology today«, »bindet man uns einen Bären auf, oder es ist die Wahrheit.« Er hofft deshalb, daß sich »präzise denkende Wissenschaftler« der Sache annehmen und »einfach beweisen, daß all die zuversichtlichen, spöttischen Skeptiker am Ende recht behalten«.

Diese Hoffnung steht im direkten Gegensatz zu den Zielen des Anima-Prinzips, in dessen Zeichen das, was ist, anerkannt und – wenn möglich – nutzbringend verwendet wird.

Es ist kein Zufall, daß vor allem Frauen Zugang zu der Welt jenseits sinnlich wahrnehmbarer Ausdrucksphänomene und somit die

Fähigkeit zur Telepathie, Präkognition (Vorwegnahme zukünftiger Ereignisse) und zum Hellsehen haben. Mit anderen Worten: Frauen sind für Psi-Phänomene aufgeschlossener als die blockierten Männer.

In Moskau etwa, wo die Jugend unter dem Banner des Kommunismus streng rational erzogen wird, findet heute die knapp 40jährige Genossin Jewgenija Juwaschewna Dawitaschwilli, genannt »Dschuna«, regen Zuspruch. Sie gilt als diejenige, die Staatschef Breschnew in den Jahren vor seinem Tod jenen braunen Saft mixte, den man ihn öfter trinken sah, nachdem er dessen Temperatur mit dem Finger geprüft hatte. Das Gebräu aus herben Kräutern soll das Leben des schwerkranken Mannes um einige Zeit verlängert haben. Gemeinhin wirkt Dschuna jedoch mit ihren Händen. Vom staatlichen Plankomitee der UdSSR (Geoplan) wird bestätigt, daß sie durch bloßes Handauflegen (in der Sowjetunion »bioenergetische Massage« genannt), schwere Nervenentzündungen im Rückenmark und Degenerationen der Zwischenwirbelscheiben geheilt hat.

Noch weiß keiner, wie die heilenden Hände wirken. Unsere analytische Gehirnhälfte wird das wohl auch nie begreifen. Krampfhaft versucht die männliche Wissenschaft zu entschlüsseln, ob hier Energieformen wirken, für die lediglich noch kein Meßinstrument entwickelt wurde, ob körpereigener Magnetismus existiert oder ob allein der Glaube heilt. Für Denkvorgänge im Sinne des Anima-Prinzips ist das alles nicht so wichtig. Hier wird das Geschehen nicht auf eine gerade Linie von Ursache zu Wirkung flachgeklopft. In der femininen Betrachtungsweise ergibt sich ein Kreis: Die Wirkung ist die Ursache und umgekehrt. Hauptsache es hilft.

Die Orgasmus-Diskussion

Das Anima-Prinzip überwindet die Polarität des Yin und Yang. Das Entweder-Oder wird von einem überzeugten Sowohl-als-Auch abgelöst. Es verzichtet auf die Einteilung gut oder böse, rechts oder links, feminin oder maskulin – es läßt beides zu in dem Bewußtsein, daß das Gute erst das Böse bedingt, daß es kein Rechts ohne ein Links gibt und das Maskuline ebenso eine Bedeutung hat wie das Feminine.

Wie sehr sich dieses Muster vom männlichen Prinzip unterscheidet, zeigt sich besonders deutlich am Beispiel der Diskussion über den weiblichen Orgasmus.

In den letzten Jahren kam es zu einem erbitterten Streit unter männlichen Wissenschaftlern. Auf der einen Seite der Front haben sich die Freunde des vaginalen Orgasmus hinter der Freudschen Behauptung verschanzt, nur dieser sei ein Zeichen weiblicher Reife. Ihnen gilt der klitorale Orgasmus als minderwertig. Auf der anderen Seite stehen ebenso unbeweglich die Befürworter einer direkten Stimulierung des weiblichen Schwellkörpers am vorderen Ende der kleinen Schamlippen. Nur wenn der Kitzler erregt werde, könne ein echter Höhepunkt erreicht werden. Die Penetration befriedige Frauen – wenn überhaupt – vor allem deshalb, weil der Partner dadurch befriedigt werde. Der natürlichen Sexualität entspreche das aber nicht.

Zwei Generationen von Frauen und Männern haben sich durch diesen akademischen Streit in ihren Empfindungen verunsichern lassen. Man konnte nie wissen, ob man das Richtige tat. Zum einen lief der Mann Gefahr, als selbstsüchtiger Penetrierer zu gelten – und die Frau geriet in den Ruf einer duldsamen, erniedrigten Orgasmus-Spenderin. Im anderen Fall drängte sich für den Mann der Verdacht auf, er sei zum rubbelnden Sex-Mechaniker retardiert; die Frau gab sich mit einem unreifen Höhepunkt zufrieden.

»Die frühere Generation«, vermerkt die Psychoanalytikerin Sukie Colgrave, »lernte, ihre klitoralen Empfindungen zu unterdrücken, die spätere, den klitoralen Orgasmus zu praktizieren und die Vagina zu vernachlässigen. Das Ergebnis war für beide Geschlechter Verwirrung und Kummer sowie eine Abhängigkeit von einer fremden Autorität und nicht der Autorität der eigenen Gefühle und Erfahrungen.«

Erst vor kurzem kam den Betroffenen die Idee, daß womöglich beides denkbar ist und zudem auch Spaß bereitet. Die Vorstellung, daß Sex ein liebevoller Austausch sein kann, ein Wechselspiel von Geben und Nehmen ist relativ neu. Wenn beide Partner männliches Nehmen und weibliches Geben praktizieren, wird der Grabenkrieg der Unterleibsforscher bedeutungslos und die Sexualität von aufgezwungenen Regeln befreit.

Das Pantoffelheld-Syndrom

Wie schwer es ist, sich aus seinen biologischen, psychologischen und gesellschaftlichen Verstrickungen zu lösen, wird vor allem der Mann erleben. Für die meisten Frauen gibt es verständlicherweise kaum große Probleme, neben der Fähigkeit zum Geben Nehmer-Qualitäten zu entwickeln, denn das war schon immer einfacher, als einen Teil von sich selbst zu opfern.

Der Mann dagegen ist auf gehörige Gefühls-Akrobatik angewiesen, wenn er seine Anima akzeptieren will. Er muß sich mit Dingen einlassen, die ihm bislang als minderwertiger Ballast erschienen. Die Psychologen sprechen davon, daß »der Mann, wenn er zu seiner Anima in Beziehung tritt, gleichsam von einer Höhe herabzusteigen, einen Widerstand, nämlich seinen Stolz zu überwinden« hat. Dennoch ist der Mann im eigenen Interesse zu diesem Schritt verpflichtet. Nicht nur erscheint die Entdeckung und Anwendung des Anima-

Prinzips derzeit als die einzige Möglichkeit, unsere Welt vor dem endgültigen Chaos zu retten. Mit Hilfe seiner femininen Komponente kann sich der Mann auch selbst aus einem gefährlichen psychobiologischen Irrtum befreien.

Die einseitige Entwicklung des maskulinen Prinzips hat durchaus ungünstige Folgen für unsere psychische und intellektuelle Gesundheit. Die Psychologen haben dieses Phänomen »Projektion« (Hinausverlegung) genannt. Wir projizieren bei diesem Prozeß auf andere Menschen, Dinge oder Ideologien, was wir ins eigene Unbewußte abgedrängt haben.

Das ist die Situation, in welcher der Mann steht. Er will mit seiner Anima nichts zu tun haben, versteckt sie tief in seinem Inneren – und wird unverhofft von außen mit ihr konfrontiert. Wie auf eine Leinwand projiziert, taucht sein eigenes Anima-Prinzip als Frau aus Fleisch und Blut vor ihm auf. Analytiker vermuten, daß in vielen Beziehungen die Ehefrau die Anima des Mannes verkörpern muß. »Das Männliche ›verliert‹ auf diese Weise seine ›Seele‹ und damit unbewußt sich selbst an die Frau«, sagt Erich Neumann in seinem Buch »Zur Psychologie des Weiblichen« über diesen Vorgang: »Dieser Verlust macht das Männliche seelisch infantil, er macht den Mann launisch, labil, empfindlich und in seinem Gefühl vom Weiblichen abhängig.«

Besonders vertrackt wird dieses Phänomen im Zustand der Verliebtheit deutlich. Ein Mann mit mangelhaftem Zugang zum eigenen Anima-Prinzip, verliebt sich häufig in das eigene Feminine, das er in einer anderen Person zu sehen glaubt. Seine Gefühle gelten also weniger der Persönlichkeit der Partnerin als seiner Vorstellung, was sie für ihn verkörpern soll. Das ist ungut für beide Seiten: Der Mann wird abhängig, und die Frau hat eine Aufgabe zu bewältigen, die kaum zu bewältigen ist. Wer eignet sich schon gut als Projektionsfläche!

Im ersten Ansturm der Gefühle bleibt die Problematik noch verborgen. Liebe macht bekanntlich blind. Früher oder später kommt jedoch in jedem Fall die Wahrheit ans Tageslicht. Der oder die Verliebte bemerkt gravierende Unstimmigkeiten zwischen seinen eigenen Wünschen und der Person, die zu ihrer Befriedigung ausgesucht wurde. Groll, Enttäuschung, Wut und Ablehnung folgen schnell. Die Verbindung geht häufig auseinander. In den meisten Fällen scheinen Frauen sensibler zu sein für derartige Psycho-Spiele in der Beziehung. Sieben von zehn Scheidungen in der Bundesrepublik erfolgen auf Betreiben der Ehefrauen. Die Dunkelziffer der von der Partnerin inszenierten Trennung nichtehelicher Beziehungen ist unbekannt, aber sicherlich beachtlich.

Das Ende einer Beziehung aufgrund mißlungener Projektionen ist zwar schmerzlich, hat aber auch positive Inhalte. Sie kann zu einem Wendepunkt werden, der die Möglichkeit bietet, das eigene Anima-Prinzip zu erkennen und sich selbst besser zu verstehen. Viele Männer brauchen dafür zahlreiche Anläufe. Einige schaffen diese Wende nie. Lebenslänglich müssen sich solche Männer mit ihrer Projektion beschäftigen. Das ist ihrer Persönlichkeit selbstverständlich nicht gerade förderlich. Die Tiefenpsychologen bieten für diesen Fall mehrere Alternativen an, die alle nicht besonders einladend erscheinen:

1. Der Anima-behinderte Mann kann in Notwehr zum Pantoffelhelden werden. Nicht fähig, seine eigene Wirklichkeit aus dem Unbewußten ins Bewußtsein zu fördern, verlegt er sich darauf, in allen seelischen Angelegenheiten von seiner Frau abhängig zu werden.

2. Er kann versuchen, seinen Anima-Verlust durch übergroße Aktivitäten außerhalb des Hauses zu kompensieren. In den eigenen vier Wänden akzeptiert er die Frau als Herrin, die nicht nur für Hygiene und Ordnung im Haushalt verantwortlich zeichnet, sondern auch die seelischen und inneren Fragen und Probleme des Mannes zu bewältigen hat. Aushäusig spielt er dafür den starken Mann und gestaltet dort eine patriarchale Welt, die laut Neumann »in ihrer Entseeltheit eine unerhörte Gefahr für die Menschheit darstellt«.

3. Der Mann kann seine gestörte Beziehung zum Anima-Prinzip in eine Fanatisierung des Patriarchats münden lassen. Jetzt liegt ihm

daran, nicht nur seine eigene Anima, sondern auch deren Projektion auszulöschen. Er wird zum Tyrannen und womöglich gar zum sexuellen Sadisten. Er will die Frau auch im Bett beherrschen und merkt nicht, daß er selbst von seinen inneren Zwängen geknutet wird.

4. Er kann dazu übergehen, für seine eigene psychische Deformation einen Sündenbock zu suchen. Wer das zu sein hat, ist ihm – im Gegensatz zu vielem anderem – sofort klar: die Frau. Er erklärt sie zum Träger des Bösen schlechthin; Eva ist das widerfahren. Gnadenlos verfolgt er alles Weibliche – wie es etwa in den Hexenprozessen des Mittelalters und der beginnenden Neuzeit geschehen ist. »Nur daß das Männliche ohne das Weibliche nicht existieren kann«, vermutet Erich Neumann, »hat die sonst so beliebte Ausrottung der ›bösen‹ Menschengruppe, welche die Projektion des gefahrbringenden Unbewußten auf sich zu tragen hat, verhindert.«

Die Midlife-crisis

Im Lebenszyklus jeden Menschen ist allerdings die Chance für eine tiefgreifende Abhilfe bereits angelegt. Die Spanne zwischen Geburt und Tod wird nicht durch eine gerade Linie symbolisiert, sondern gleicht eher einer Wellenbahn. Biologisch und psychologisch ist alles in einem ständigen Wandel begriffen.

Das beginnt mit der undifferenzierten Geschlechtslosigkeit des Embryos (allerdings mit einem grundlegenden Touch zum Femininen) und, im Falle des Mannes, mit seiner dramatisch ablaufenden Maskulinisierung durch das Sexualhormon Testosteron. Körperlich ist damit alles klar. Lediglich das Bewußtsein ist sich über die künftige geschlechtliche Rolle noch nicht sicher. Diese kristallisiert sich erst in der ödipalen Krise des Jugendlichen heraus. Freud hat diese Phase nach dem griechischen Jüngling Ödipus benannt, der seinen Vater unwissentlich tötete, seine Mutter heiratete und sich zur Buße später selbst die Augen ausstach.

In der Ödipus-Phase beginnen wir den Unterschied zwischen männlich und weiblich schmerzhaft zu erfahren. Die Einheit schwindet. Dem jungen Mann droht das Anima-Prinzip verlorenzugehen. Gesellschaft und Erziehung tragen eifrig dazu bei, den Verlust zu garantieren. Häufig werden mit der Rollenfestlegung auch noch Werturteile zementiert. Fast zwangsläufig gedeiht so ein Klima der Ausbeutung und Unterdrückung zwischen den Geschlechtern.

Erst in der Lebensmitte tritt nach brandaktuellen Erkenntnissen der Fachleute die Gegenbewegung ein. Sie verläuft häufig so dramatisch, daß von einer »Midlife-crisis« gesprochen wird. C. G. Jung hat beobachtet, wie sich in dieser Phase plötzlich verdrängte Wesenszüge aus der Kindheit im Mann wieder bemerkbar machen. Früher dominierende Interessen schwächen sich ab, andere tauchen auf. Vorher geschätzte Meinungen und Prinzipien verlieren ihre Überzeugungskraft. Das Leben erhält im besten Fall einen neuen Sinn und eine neue Richtung.

1966 hat sich der amerikanische Psychologe Daniel J. Levinson, ein Professor von der Yale-Universität, zum erstenmal in einer Langzeitstudie mit den Veränderungen befaßt, die den Mann in dieser Wendezeit seines Lebens betreffen. »Als ich in diese Arbeit einstieg«, sagt Levinson, »schien es, als betrete ich ein abgelegenes, völlig unerforschtes Territorium.« Er stellte ein Forschungsteam aus Soziologen, Psychologen und Psychoanalytikern zusammen und begann eine Expedition in dieses Tal der Tabus, lange bevor das Thema der Midlife-crisis zum Gesprächsstoff für Intellektuellen-Partys avancierte. Zunächst geriet die neu entdeckte Lebensmitte bei Levinsons Untersuchungen in kein besonders gutes Licht. Übereinstimmend meldeten junge Erwachsene, nach der 30-Jahr-Grenze könne es nur noch bergab gehen. Nach ihren Vorstellungen bringen die mittleren Jahre bestenfalls Trivialitäten und sinnlosen Komfort, schlimmstenfalls Stagnation und Hoffnungslosigkeit.

In Wirklichkeit kommt es für den Mann zwischen vierzig und fünfundfünfzig noch erheblich derber, als die junge Generation befürchtete. Von einem Gefühl des Komforts kann in der Midlife-crisis nach den Forschungsergebnissen von Hormonspezialisten keine Rede sein. Im Körper beginnt eine spürbare Veränderung. Die Leberfunktionen lassen nach, und es wird längst nicht mehr so viel weibliches Östrogen aus der männlichen Blutbahn gefiltert wie in den Jahren vor der Zäsur. Gleichzeitig stagniert die Testosteron-Produktion. Der Körper des Mannes bewegt sich langsam in Richtung Weiblichkeit. Das versteckte Anima-Prinzip bricht sich Bahn nach außen. Häufig wird der Körper des Mannes nach der Lebensmitte weicher und runder, die Brust wirkt fülliger. Die Natur, so scheint es, will uns die Chance geben, einige biologische Charakteristika des anderen Geschlechts an uns selbst zu erfahren.

Frauen übrigens machen in den Wechseljahren – in der Zeit der Menopause – eine ähnliche Entdeckung. Oft wird ihre Haut rauher, die Stimme tiefer, und auf der Oberlippe sprießt ein Damenbart – die Östrogen-Produktion hat nachgelassen. Vielen ist diese Tendenz zur Geschlechtsangleichung so peinlich, daß sie mit Hormonkuren versuchen, dagegenzusteuern. Wenn aber der Prozeß der Wandlung mit seinen Hitzewellen und Depressionen überwunden ist, gibt er dem Menschen die Möglichkeit, mit Hilfe des Körpers auch das Bewußtsein aus der Umklammerung der starken Rollenfixierung zu befreien.

Mit zunehmendem Alter steuert alles dem Anima-Prinzip entgegen. Diese Chance gilt es zu nutzen. Dann tritt ein, was Daniel J. Levinson an einigen der von ihm untersuchten Männer aufgefallen ist. Der Mann, der seine neuen Möglichkeiten wahrnimmt, »kann sich eher von den kleinen Eitelkeiten, Feindseligkeiten, Eifersüchteleien und moralischen Vorbehalten des frühen Erwachsenenalters freimachen. Seine normale sexuelle Leistungsfähigkeit ist im mittleren Alter mehr als ausreichend, um ihm ein befriedigendes Sexualleben zu ermöglichen. Die Qualität seiner Liebesbeziehungen wird möglicherweise besser, da er eine größere Bereitschaft zur Intimität entwickelt und die zärtlicheren, ›femininen‹ Aspekte seines Selbst stärker mit

164

einbezieht. Ihm steht die Möglichkeit offen, sowohl Männern als auch Frauen gegenüber ein einfühlsamerer Freund zu werden.«

Zu einem drastischen Verfall der Persönlichkeit kommt es dagegen, wenn die Entwicklung durch widrige psychologische, soziale oder biologische Umstände beeinträchtigt wird. Dann kann es geschehen, daß der verkorkste Mann zum machtbesessenen Individuum wird, in dieser Position vereinsamt und den Kontakt zu seiner Umwelt völlig verliert. Ihm gelingt es dann nicht, im Sinne des Anima-Prinzips Ganzheiten zu erkennen, Gesondertheit durch Harmonie zu ersetzen und sich aus seiner geschlechtsspezifischen Verstrickung zu lösen. Derart hoffnungslose Fälle sind gar nicht selten. Für sie gilt die Aussage: Einmal Macho, immer Macho.

Drama mit vorherbestimmtem Ausgang

Das Anima-Prinzip zeigt Wirkung weit über das persönliche Erleben und Verhalten hinaus. Es führt zu einem neuen, ehrfürchtigen Umgang mit der Natur. Es verändert unsere Medizin. Es hat Auswirkungen auf Naturwissenschaft und Technik. Unser Baustil, unsere Lebensweise und Gesellschaftsformen werden sich wandeln. Das Konzept des neuen Menschen mündet in ein Konzept einer neuen Menschheit.

Schon zeigt sich ein Teil unserer Gesellschaft aufgeschlossen gegenüber den Ideen des I Ging, die in der Anwendung des Anima-Prinzips gipfeln. Seit Beginn der 60er Jahre registrieren die Vertreter der Männerwelt beunruhigt eine ganze Reihe philosophischer, politischer und spiritueller Bewegungen, die alle in dieselbe Richtung zu streben scheinen: weg vom Patriarchat, das heute sein Reservoir an positiven Wirkungen auf unserem Kosmos ausgeschöpft zu haben scheint.

Frauenbewegung, Umweltschutzgruppen und Bürgerinitiativen treffen mit der Friedensbewegung zusammen.

Für Arnold Toynbee, der ein Modell kultureller Dynamik aufgestellt hat, ähnelt der Vorgang der Wandlung, den wir derzeit erleben, einem Drama mit vorherbestimmtem Ausgang. Toynbee schreibt: »Während des Verfalls einer Kultur werden zwei getrennte Theaterstücke mit unterschiedlichen Handlungen gleichzeitig Seite an Seite aufgeführt. Während eine nicht wandlungsfähige herrschende Minderheit immer und immer wieder ihre eigene Niederlage probt, rufen neue Herausforderungen immer und immer wieder neue schöpferische Antworten seitens neu entstandener Minderheiten hervor, die ihre eigene schöpferische Kraft dadurch unter Beweis stellen, daß sie sich in jedem Fall der Lage gewachsen zeigen. Die Aufführung des Dramas Herausforderung und Antwort wird fortgesetzt, jedoch unter neuen Gegebenheiten und mit neuen Darstellern.«

Die neuen Darsteller haben sich bereits zur Probe gemeldet. Ihre Antwort auf den Untergang der herrschenden Minderheit wird derzeit in Szene gesetzt. Das Stück nennt sich Anima-Prinzip.

Die Synthese

»Letztlich möchten wir nicht verzichten, darauf hinzuweisen, daß der Mensch sich selbst, seine Ziele und seine Wertvorstellungen ebenso erforschen muß wie die Welt, die er zu verändern sucht.«

Club of Rome

Vexierspiel der Geschlechter

Zehntausend Frauen ließ das Deutsche Mode-Institut in den vergangenen Jahren vermessen und kam damit einem neuen Trend auf die Spur. Im letzten Jahrzehnt ging der Durchschnittsfrau ein gutes Stück weiblicher Rundung verloren: Um mehr als drei Zentimeter verminderten sich Brustumfang (auf 88 Zentimeter) und Hüftumfang (auf 94,5 Zentimeter). Der weibliche Körper wird sichtbar maskuliner.

Umgekehrt verläuft die Entwicklung beim Mann. Seit Jahrtausenden paßt er seine Statur dem femininen Vorbild an. Nur mühsam vermag er dem sich schon äußerlich abzeichnenden Softy durch Bodybuilding und hartnäckiges Dauer-Joggen gegenzusteuern.

Ganz ungeniert gehen einige Gruppen von Männern mittlerweile dazu über, dem nach außen durchschimmernden Anima-Prinzip mit Düften und Tand nachzuhelfen. Ein dezenter Hauch von Herrenkosmetik zieht durch Großraumbüros und Konferenzsäle. Leise klimpert dazu das Goldkettchen am haarigen Managerarm.

Ein Mann wurde Anfang 1984 von der Kosmetik-Firma Elizabeth Arden zum »Botschafter für schönes Augen-Make-up« gekürt. Nach Ansicht der Experten weiß der Popsänger Boy George Wimpern und Lider professioneller zu bepinseln als seine weibliche Konkurrenz im Show-Geschäft. Stars wie Brooke Shields oder Audrey Hepburn verwies der Chef der britischen Gruppe »Culture Club« mit seinem künstlichen Augenausdruck auf die Plätze.

Das Verwechselspiel der Geschlechter geht auf offener Straße weiter. Der Typ im Anzug dreht sich um – und ist eine Frau. Die blonde Dauerwelle gehört einem Mann, ebenso wie der glänzende Diamant im Ohr. Mick Jagger hat, nach überkommenen Kriterien, einen weiblicheren Mund als die Feministin Alice Schwarzer. Auch seinen Hüftdreh macht ihm so schnell keine Frau nach. Für die Journalistin Ariane Barth, die sich in der neuen Szene umsah, tritt »so etwas wie ein drittes Geschlecht« in Erscheinung.

»Frau oder Mann, an beiden ist beides dran«, lautet die Parole auch in der alternativen Müsli-Kultur. Die Latzhose und Jesuslatschen gelten als Modell Unisex. Hinter dieser Einheitskluft verschwinden Mann und Frau. Zumindest äußerlich ist die Jugend unserer Gesellschaft auf dem Weg zur Androgynität. Das zusammengesetzte Wort stammt aus dem Griechischen. Das Bestimmungswort »andro« hat die Bedeutung männlich, »gyn« steht für weiblich.

Psychologen wie Sukie Colegrave stellen die Hypothese auf, »daß die Natur des Menschen Androgynität ist – eine Synthese des maskulinen und femininen Prinzips in der Psyche.« Noch sei es aber leider so, »daß nur wenige dieses Potential erfassen, da, wie der Körper mehr männlich oder weiblich ist, auch das Bewußtsein unausgeglichen ist«.

Im Sinne des Anima-Prinzips, das Polaritäten aufheben will und im Zusammenspiel der verschiedenen Kräfte ein Bild der Ganzheit entdeckt, spielt aber auch die Angleichung in Äußerlichkeiten eine Rolle für das Innenleben des Menschen. Der neue Mann arbeitet sichtbar an der Synthese. Was er im äußeren Erscheinungsbild verändert, hat – ob das Patriarchat will oder nicht – Auswirkungen auf die innere Sicht der Dinge. In Anbetracht des Vernichtungspotentials von Atombomben schnurrt der kleine Unterschied ohnehin zum Nichts zusammen. Im Neutronenblitz verschwinden die Eigenarten der Geschlechter.

Anima und Frieden

Tatsächlich wird deshalb die Kraft des Anima-Prinzips derzeit in der internationalen Friedensbewegung besonders deutlich. Hier zählt plötzlich nicht mehr das, was in der gesamten Geschichte der Männerherrschaft als Ausdruck höchster maskuliner Potenz galt: militärische Leistung.

Zwar sind es Männer, die das Waffenarsenal zur mehrfachen Zerstörung der Welt schufen. Aber es sind auch Männer, die sich heute zusammen mit Frauen in der Friedensbewegung engagieren. Einigen von ihnen ist es – dramatisch verkürzt auf wenige Lebensjahre – gelungen, den Wandel vom Macho-Denken zur integrativen Fähigkeit des Anima-Prinzips an sich selbst zu erfahren. Ein Beispiel dafür ist Gert Bastian, einst einer der höchsten bundesdeutschen Generale. Er hat, zu Beginn der 80er Jahre, seinen Dienst quittiert, seine Waffen niedergelegt und sich der Friedensbewegung verschrieben. Mit seinem Insider-Wissen über die zerstörerischen Fähigkeiten der Macho-Ideologie wurde General Bastian zu einem der wichtigsten Vertreter des Anima-Prinzips in der neuen gesellschaftlichen Bewegung. Sachkundig und besonnen vereint er in sich die Möglichkeit zum rationalen Denken und effektiven Handeln mit einer tiefen, gefühlsmäßigen Betroffenheit über den Zustand unserer Gesellschaft.

Das globale »Gleichgewicht des Schreckens«, das angeblich den Frieden sichern hilft, erweist sich in der Synthese aus linearen Denkmustern und unseren Anima-Fähigkeiten zu einer übergreifenden Weltsicht, als ein Schrecken ohne Gleichgewicht. Unsere – männliche – Vernunft muß uns sagen, daß 35 Millionen Kriegstote auf unserem Globus seit Ende des Zweiten Weltkriegs kein Beleg für Frieden sein können. Und unser Gefühl läßt uns wissen, daß die Anhäufung von immer mehr Waffen mit immer größerem Vernichtungspotential keine Entspannung schafft, sondern Angst.

Im Anima-Prinzip gilt die Doktrin vom militärischen Gleichgewicht deshalb nicht unabänderbar. Was einst womöglich positiv für eine friedliche Stabilität war, muß nicht zwangsweise immer in dieser Art wirken. Der Frieden, einst gesichert durch 200 Panzer auf jeder Seite, wird nicht friedlicher, wenn sich 5 000 Panzer gegenüberstehen. Das ist ein typischer Trugschluß linearen Denkens.

Männer pflegen das Problem gemeinhin frühestens dann zu erkennen, wenn es zu spät ist. Jimmy Carter etwa warnte die amerikanische Nation vor der wachsenden Gefahr eines Nuklearkriegs erst, als er aus dem Amt des US-Präsidenten schied. In seiner Abschiedsbotschaft erklärte er: »Vielleicht ist es nur noch eine Frage der Zeit, bevor Wahnsinn, Verzweiflung, Neid oder Fehlurteile diese schreckliche Gewalt entfesseln.«

Die herrschende Männergesellschaft vermag aus solchen Situationsbeschreibungen anscheinend nicht zu lernen. Unbeirrbar rüstet sie weiter der drohenden Apokalypse entgegen. Nicht fähig zum vernetzten Denken, ist sie auch unfähig, neue Konzepte zu entwickeln. Ohne Unterbrechung führt sie weiterhin ihr Toynbee-Drama vom Niedergang auf.

Phantasievoll erkennt gleichzeitig ein ständig wachsender Teil der betroffenen Menschen die Problemlösungs-Strategien des Anima-Prinzips. Sanft und gewaltfrei, aber nichtsdestotrotz beharrlich, baut sie an einer neuen Wirklichkeit. Den Atomsprengköpfen stellt sie kontinuierlich Mahnwachen vor den Waffendepots und eine fröhliche Friedenskette quer durch Süddeutschland gegenüber.

Anschaulicher als bei dieser Friedenskette im Sommer 1983 ist das Anima-Prinzip selten demonstriert worden. Starr und unflexibel verschanzte sich das Militär hinter dem Stacheldraht seiner Kasernen. Flexibel umrundete die mehrere zehntausend Personen umfassende friedliche Kette diese Trutzburgen der Aggression. Im öffentlichen Bewußtsein waren die gepanzerten Militärs die Verlierer.

Die Erfolg-Problem-Kopplung

Für viele Beobachter zeichnet sich ein tiefgreifender Bewußtseinswandel in Richtung einer neuen, zukunftsorientierten Synthese ab. In einer Untersuchung über diese Veränderungen kommt Thomas Meyer zu dem Schluß: »Rascher und umfassender als jemals seit Bestehen der industriellen Gesellschaft sind gerade in Schlüsselgruppen – in der jungen Generation, in der neuen Mittelschicht und darüber hinaus – Veränderungen der handlungsleitenden Wertorientierungen zu beobachten, die auf eine Veränderung der individuellen Lebensformen, der Organisation des gesellschaftlichen Lebens, aber auch eine Krise der persönlichen Leistungsmotivation hindeuten.«

Zahlreiche Experten haben diesen Stimmungsumschwung erkannt. Aber weil sie zumeist Männer sind, gelingt es nur wenigen, die gemeinsame Basis des Wandels und sein Ziel zu erkennen. Aus dem unvermeidbaren Ende des Patriarchats erwächst eine neue Zukunft, in der es zum Erstaunen der Männer nicht darum geht, dem maskulinen Beitrag zum Aufbau der Gesellschaft einen femininen Beitrag entgegenzustellen. In dieser gigantischen kulturellen Evolution geht es darum, aus den von Männern errichteten Strukturen ein neues Gesamtwerk zu schaffen, daß sowohl männliche als auch weibliche Komponenten enthält.

Neben der Wachstums-Ideologie der Militärs werden in der neuen Sicht der Welt auch die Erfolge des technologisch-industriellen Zeitalters kritisch betrachtet. Bereits in den 70er Jahren hat das Center for the Study of Social Policy des Stanford Research Institutes einige dieser »Erfolge« näher betrachtet und mit den damit einhergehenden Folgeproblemen verglichen:

Erfolge	Folgeprobleme
Herabsetzung der Sterblichkeitsraten von Kindern und Erwachsenen.	Regionale Überbevölkerung. Probleme der alten Menschen.
Hochentwickelte Wissenschaft und Technologie.	Gefahren der Massenvernichtung durch nukleare und biologische Waffen. Verletzlichkeit durch hohe Spezialisierung. Bedrohung von Privatsphäre und Freiheiten (beispielsweise durch Überwachungstechnologien).
Ersetzung von Hand- und Routinearbeit durch Maschinen.	Arbeitslosigkeit.

Fortschritte im Bereich des Kommunikations- und Transportwesens.	Zunehmender Lärm, Luft- und Bodenverschmutzung. Überflutung durch Information. Verletzbarkeit einer komplexen Gesellschaft bis zum Zusammenbruch. Störung des menschlichen biologischen Rhythmus.
Effiziente Produktionssysteme.	Entmenschlichung der Arbeit.
Überfluß, materielles Wachstum.	Zunahme des Pro-Kopf-Verbrauchs an Energie und Gütern, was zu Umweltverschmutzung und Abnahme der irdischen Güter führt.
Befriedigung grundlegender Bedürfnisse.	Weltweite Revolution »steigender Erwartungen«. Rebellion gegen sinnlose Arbeit.
Hohes Maß an menschlichen Wahlmöglichkeiten.	Unvorhergesehene Konsequenzen technologischer Anwendungen und Verlust der Kontrolle über diese.
Hoher Wohlstand der Industrienationen. Überfluß.	Wachsende Lücke zwischen »habenden« und »nicht-habenden« Nationen. Enttäuschung der Revolution steigender Erwartungen. Ausbeutung. Armut.

Die überkommenen Werte müssen heute einer kritischen Prüfung standhalten. Wie im chinesischen Weisheitsbuch I Ging vorausgesagt, zeigt nun die Realität der Welt, daß Fortschritt in Niedergang mündet und alles einem ständigen Wandel unterzogen ist.

Die meisten graphischen Darstellungen, die die Tatbestände unseres Lebens symbolisieren, haben ihre Gültigkeit verloren. Die Wirkung der Mittel zum Fortschritt schlägt ins Gegenteil um. Einige Beispiele:

Eine bessere Ernährung hat zunächst den Gesundheitszustand der Bevölkerung merklich verbessert. Heute steigt das Kalorienangebot immer noch, aber gesundheitsfördernd ist das schon längst nicht mehr. Nach Ansicht von Fachleuten sind bis zu 50 Prozent aller Krankheiten in der westlichen Welt auf Völlerei zurückzuführen.

Die künstliche Synthese von chemischen Stoffen zu Medikamenten hat zunächst vielen Menschen geholfen. Heute gibt es mehr Arzneimittel als je zuvor und ihr Verbrauch ist exorbitant angestiegen. Daß der Pillenkonsum auf lange Sicht jedoch den Gesundheitszustand der Bevölkerung nachhaltig und weiterhin fördern kann, ist mittlerweile umstritten. Immer mehr unerwünschte Nebenwirkungen der Chemo-Therapie werden entdeckt. In einer Klinik-Studie aus Boston wird berichtet, daß bereits jeder dritte Patient unerwünschte Reaktionen vorübergehender Art zeigte. Ein tödlicher Ausgang der medikamentösen Behandlung ist nach dieser Untersuchung in 2,4 Promille aller Fälle zu erwarten.

Elektronik hat zunächst bei der Informationsverarbeitung und -vermittlung eine wertvolle Unterstützung gegeben. Heute sind überall auf der Welt extrem leistungsfähige Computernetzwerke installiert. Ihre Wirkung konnte jedoch mit den Kosten keinesfalls Schritt halten. Joseph Weizenbaum, einer der qualifiziertesten Elektronik-Experten der Vereinigten Staaten, illustriert das am Beispiel des amerikanischen »Wimex«-Systems: »Das milliardenschwere Kommunikationssystem des Pentagon ist kürzlich untersucht worden. Da wird zugegeben, es funktioniert kaum, und, was schlimmer ist, niemand versteht es. Es kann nicht korrigiert, nur geflickt werden. Und dieses Flicken vertieft seine Undurchschaubarkeit. Das schon erwähnte Wimex-System, also das Nervenzentrum des amerikanischen Militärs, wird immer weniger durchschaubar, nähert sich mehr und mehr der Autonomie und kann in letzter Konsequenz sogar Kriege anzetteln. Tatsächlich werden Systemfehler nicht beseitigt, sondern nur verkleistert.«

Die Technologie und die von ihr abhängige Wirtschaftsordnung scheint in Ost und West außer Kontrolle geraten zu sein. Sie schafft ununterbrochen neue sogenannte Sachzwänge, die geplantes Handeln verhindern. Noch schlimmer ist die Tatsache, daß Maschinen und technische Systeme die Kontrolle über das Verhalten und den Zustand von Menschheit und Natur übernommen haben.

In der technologisierten Gesellschaft spiegelt sich das männlich-rationale Denken zur Perversion übersteigert wieder. Dennoch gibt es eine Chance für die Zukunft. Im ewigen Kreislauf des Universums bilden sich bereits die besänftigenden Kräfte des lange verschütteten Anima-Prinzips zu neuer Wirkung heran.

Blick aus dem Weltall

Anfang der 60er Jahre waren Menschen zum erstenmal in ihrer Geschichte in der Lage, die Erde vom Weltraum aus zu betrachten. Sie sahen unseren Planeten in seiner ganzen glänzenden Schönheit – ein blauer und weißer Globus in der tiefen Schwärze des Weltraums. Der Astronaut Jim Irwin berichtet nach der Rückkehr von seinem Mondflug: »Nachdem wir die Erdumlaufbahn verlassen hatten, fühlten wir gar nicht mehr, daß wir uns bewegten. Wir hatten das Gefühl, als ob wir feststünden. Die Erde sah so aus, als ob sie sich von uns fortbewegte. Als wir zum erstenmal die ganze Erde sehen konnten, sahen wir sie wie eine Kugel im Himmel. Sie hatte gerade die Größe von einem Basketball. Dann, als wir uns immer mehr entfernten, nahm ihre Größe ab. Schließlich schrumpfte sie zur Größe einer Murmel zusammen. Die schönste Murmel, die du dir vorstellen kannst. Die Erde ist unglaublich schön. Sie war das einzige warme, lebende Objekt, das wir während des Fluges im Raum sahen.«

176

Für viele Astronauten war der Anblick der Erde eine der tiefsten spirituellen Erfahrungen, die sie in ihrem Leben gemacht haben. Und die Fotos unseres Planeten, die sie von ihren Flügen mitgebracht haben, sind zu einem mächtigen neuen Symbol der ökologischen Bewegung geworden. In diesen Bildern können wir die Erde als einen Globus des Lebendigen erkennen, als ein System, das nicht nur von Leben wimmelt, sondern selbst ein lebendes Wesen zu sein scheint.

Genauer betrachtet, löst sich dieser Gesamteindruck jedoch auf. Gigantische Fabriken, Kraftwerke, Verkehrsnetze und die ausufernden Weichbilder unserer Städte verstellen den Blick auf die lebende Natur. Dieser Gegensatz zwischen Schein und Sein hat einen neuen Impuls ausgelöst. Unterdessen haben wissenschaftliche Forschungen ergeben, daß die gesamte lebende Materie auf unserem Planeten zusammen mit Atmosphäre, Ozeanen und dem festen Land ein komplexes, sich selbst organisierendes System bildet. Ziel dieses globalen Steuerungsmechanismus ist, optimale Verhältnisse für die Evolution des Lebens aufrechtzuerhalten.

Schwierig scheint es für die Erde zu werden, die modernen Errungenschaften der Technik und ihre zerstörerischen Folgen schmerzlos zu integrieren. Nachdenkliche Wissenschaftler gehen deshalb dazu über, für unsere Technologie eine neue Basis zu finden. Die alte Methode, Herrschaft über die Natur zu erlangen, wird von einer neuen Methode ersetzt. Die Technologie der Zukunft wird aus der Natur erwachsen. Sie gilt als sanft, ist dezentralisiert, hochqualifiziert und durch ein System von naturnahen Regelkreisen umweltverträglich und damit menschlich gesteuert.

Der Biologe Frederic Vester ist dieser Aufgabe konsequent und bis ins Detail nachgegangen. Er forscht nach gemeinsamen Prinzipien für Natur und Technik und glaubt, daß wir auf dem richtigen Weg sind – allerdings erst einen sehr kleinen Teil der Strecke zurückgelegt haben. In seinem Buch »Neuland des Denkens« schreibt Vester: »Unser Herz ging der Pumpe, unsere Niere dem Filter und das Auge der Fotografie voraus. Ein Motor, der elektrische Energie in Arbeit umsetzt, ist dem Prinzip der Chloroplasten in der Pflanzenzelle nachgebaut... Ein Kraftwerk, das Gegenstück zum Motor, ist dagegen ein vereinfachtes Abbild der Mitochondrien, jener eigenständigen Teilchen in unseren Körperzellen, die in einer ganzen Kette biochemischer Reaktionen den angebotenen Brennstoff, also z. B. Zucker und Fettsäuren, in Energie umwandeln. Selbst das Lesen und Schreiben, eine unserer größten kulturellen Errungenschaften, ja sogar die unterschiedlichen Schriftarten: Morsezeichen, Buchstabenalphabet, chinesische Bilderschrift und Hieroglyphen sind, wie wir gesehen haben, längst vorgezeichnet. Lange bevor wir den Buchdruck erfanden, speicherten unsere Chromosomen komplizierte Nachrichten in Molekülbuchstaben und übertrugen sie bei jeder Zellteilung, und seit Millionen von Jahren werden die so gedruckten Informationen und Betriebsanweisungen vom genetischen Code kopiert und vervielfältigt, gibt es chemische Fabriken in Bakteriengröße mit ausgereifter Katalysatortechnik, hochstabile Netz- und Überdachungskonstruktionen bei winzigen Diatomeen (Kieselalgen) und Radiolarien (Strahlentierchen), deren geniale Statik erst jetzt erkannt wurde, arbeiten pflanzliche und tierische Organe mit Membranpumpen, Ventilen und Mikrosieben, während Nervenzellen als Sender und Empfänger kodifizierter Signale all dies über ausgefeilte Regeltechnik steuern – alles glänzend aufeinander eingespielt, ohne daß sie andere Funktionen oder gar das Gesamtspiel der Biosphäre stören.«

Von diesem Idealzustand sind unsere technischen Systeme weit entfernt. Unsere Entwicklung auf diesem Gebiet wird deshalb durch das Anima-Prinzip beschleunigt. Auf der Grundlage der bestehenden Technologie geht es künftig nicht mehr um Quantität, sondern um eine andere Qualität. Gut ist nicht, was noch größer, noch schneller, noch teurer ist. Gut ist schon in naher Zukunft, was dem von der Natur vorgemachten Ideal am nächsten kommt.

Unsere Techniker, Ingenieure und Wissenschaftler werden deshalb in einem vom Anima-Prinzip neu entworfenen Weltbild nicht arbeitslos sein. Im Gegenteil, ihre Aufgabe ist wichtiger denn je. Sie werden die raffinierten Tricks und Regelkreise der Natur, die das Leben so perfekt steuern, nachahmen müssen.

Neue Technologie

Die sanfte Technologie wird auf zentrale Energiefabriken verzichten, weil dort meist mehr verschwendet wird als das, was erzeugt werden kann. Die Energieausnützung bei Atomkraftwerken liegt unter 30 Prozent, der Rest verpufft sinnlos. Weitere wertvolle Energie geht auf dem langen Transportweg vom Kraftwerk zum Endverbraucher verloren.

Die Zukunft liegt deshalb bei kleinen, dezentral plazierten Blockheizkraftwerken, die einen Wirkungsgrad von 80 bis 90 Prozent haben. In unmittelbarer Nachbarschaft der Endverbraucher arbeiten mehrere Erdgas- oder Dieselmotoren, die je nach Bedarf schnell und flexibel ab- oder eingeschaltet werden. Weil diese kleinen und umweltfreundlichen Anlagen von der Bevölkerung akzeptiert werden, bedürfen sie keiner aufwendigen Schutz- und Sicherheitsmaßnahmen, wie sie für die gegen den Willen der Menschen hochgezogenen Kernreaktoren erforderlich sind. Ein entscheidendes Element für das sich derzeit überall ausbreitende Spitzel- und Überwachungssystem entfällt dadurch.

Parallel zu den Blockheizkraftwerken propagiert die Ökologie-Bewegung die Nutzung von Energiearten, die ohne Begrenzung zur Verfügung stehen. Dazu gehört vor allem Sonnenenergie. Tag für Tag strömt mehr als 15 000mal soviel Sonnenenergie auf die Erde wie der gesamte heutige Weltenergieverbrauch. Nur Bruchteile dieser Energiequelle werden bisher genutzt, obwohl die technologischen Grundlagen dafür zur Verfügung stehen. In einer Studie der Harvard Business School heißt es: »Viele Menschen glauben immer noch,

Sonnenenergie sei etwas für die Zukunft und warten auf einen technologischen Durchbruch. Diese Annahme beruht auf einem großen Mißverständnis, denn aktives und passives Sonnenheizen ist eine hier und jetzt verfügbare Alternative für konventionelle Energiequellen.«

Daß sich Sonnenenergie noch nicht besser durchgesetzt hat, ist kein Problem der Technik. Es ist ein Problem unserer von männlichen Denkmustern geprägten Gesellschaftsform. Weil die Sonne die ganze Erde bestrahlt, haben große, zentrale Solarkraftwerke keinen Sinn. Die Kollektoren und photoelektrischen Zellen müssen dezentral installiert werden und stehen direkt unter der Verfügungsgewalt des einzelnen Endverbrauchers. Das widerspricht natürlich dem Wunsch des Patriarchats nach Machtkonzentration und Kontrolle. Die von Männern regierten Industrie-Imperien sträuben sich deshalb beharrlich gegen den Einsatz einer von ihnen derart schlecht zu beherrschenden Technik. Vermutlich erkennen die Macher in den Führungspositionen unserer Staaten, daß mit der Rückgabe der Energiequellen in die Hand der Verbraucher eine unangenehme Kettenreaktion einsetzen könnte.

Die Anima-Utopie

Die Dezentralisierung der Energieerzeugung ermöglicht ein ganz neues Konzept für Gesellschaftsformen der Zukunft. Rund um die Strom- und Wärmequellen werden sich Gemeinschaften bilden, die die Errungenschaften der Macho-Welt auf ein erträgliches menschengemäßes Maß zurückzustutzen in der Lage sind.

In überschaubaren Gruppen mit intensiven zwischenmenschlichen Kontakten werden künftig die Mittel der heutigen Technologie im Sinne der Menschen und ihrer Umwelt eingesetzt. Mikro-Elektronik und Kommunikationssysteme werden in dieser vom Anima-Prinzip geprägten Zukunft nicht verteufelt, sondern der Gemeinschaft nutzbar gemacht. Sie steuern kybernetische Regelkreise, die eng an die Vorbilder der Natur angelehnt sind, kontrollieren biologische Anbaumethoden in solarbeheizten Gewächshäusern, ermöglichen die Produktion von Gütern in kleinen Arbeitsgruppen, die inmitten der Wohnsiedlungen aktiv werden. Naturnahe Techniken ermöglichen eine drastische Reduzierung der umweltbelastenden Abfälle. Dicht vernetzte lokale Warenaustauschsysteme sorgen dafür, daß Abfallprodukte der einen Arbeitsgruppe als Rohmaterial von einer anderen Gruppe genutzt werden können.

Über die elektronischen Medien halten diese fast autonomen Gemeinschaften engen Kontakt zu ähnlich gesinnten Kreisen überall auf der Welt. Im überschaubaren Rahmen dieser Gemeinschaften sinkt die Kriminalität auf natürliche Weise. Im Zeichen der Machtübernahme durch das Anima-Prinzip verlieren männliche Verhaltensmerkmale wie Aggression und Machtwille ihre Bedeutung. In diesen sich selbst kontrollierenden sozialen Systemen bedarf es keiner überdimensionierten Ordnungsmacht und keiner aufgeblähten Bürokratie. Die psychologischen Selbststeuerungsmechanismen und die Eigenverantwortung der Menschen beginnen wieder zu funktionieren.

Eine ausschließlich an »Sachzwängen« orientierte Politik, die keine Rücksicht nehmen will auf unsere natürliche Umgebung und unsere unlösbare Verstrickung in die zyklische und sanfte Dynmik der Natur, ist in dieser Utopie des Anima-Prinzips allerdings nicht mehr vonnöten. Auch die Instrumente der patriarchalischen Ideologie werden dann überflüssig: Staatsgewalt, Polizei und Militär haben ihre Schuldigkeit getan.

Eine andere Medizin

Eine wachsende Minderheit der Menschen bereitet sich jetzt schon gegen den Willen der herrschenden Mehrheit auf diesen Wandel vor. Im Jahr 1976 schätzte eine Studie des Stanford Research Institutes, daß vier bis fünf Millionen erwachsener Amerikaner ihr Einkommen von sich aus drastisch beschnitten und sich aus früheren Positionen in der Konsumwirtschaft zugunsten eines Lebensstils freiwilliger Einfachheit zurückgezogen hätten. Weitere acht bis zehn Millionen Amerikaner haben ihren Lebenswandel zumindest in einigen Bereichen verändert. Sie mäßigen ihre Konsumgewohnheiten, sparen Energie, entwickeln ökologisches Bewußtsein und verlegen sich auf ein persönliches inneres Wachstum, das im krassen Gegensatz zum propagierten äußeren Wachstum steht.

Daß dieser Wandel zu einer Massenbewegung geführt hat, zeigt sich besonders deutlich im Bereich des Gesundheitswesens. Nach Ansicht von Beobachtern hat sich mittlerweile schon jeder dritte Deutsche zumindest teilweise vom herrschenden System der Schulmedizin abgewandt und sucht bei Heilpraktikern und Ärzten der Naturheilkunde Hilfe. Diese Patienten wollen sich nicht mehr einer seelenlosen Apparate-Medizin ausliefern, die sie nicht als Individuum, sondern nur noch als Fall behandeln kann. Sie weigern sich, als ein Bündel von Einzel-Symptomen betrachtet zu werden und legen Wert darauf, eine ganzheitliche Therapie zu erfahren. Sie glauben an eine Verbindung von Körper und Psyche und daran, daß sie als Teil ihrer Umwelt mit ihren Krankheiten deren Defekte widerspiegeln. Dabei wollen sie jedoch nicht auf die Errungenschaften der modernen Medizin verzichten. Ganz im Sinne des Anima-Prinzips heißt es für diese Patienten nie »entweder-oder«, sondern immer »sowohl als auch«.

Unterdessen hat auch die Schulmedizin die sozialen Dimensionen von Krankheit erkannt. Sie stieß darauf bei der Erforschung eines Phänomens, das Streß genannt wird.

Streß bedeutet fehlende Ausgeglichenheit im Organismus als Reaktion auf Umwelteinflüsse. Ein wenig Unausgeglichenheit schadet dem Körper jedoch überhaupt nicht. Darauf ist er vorbereitet und setzt ein ganzes System von Gegenmaßnahmen in Aktion, die über kurz und lang die Harmonie wiederherstellen. Schädlich wird Streß erst, wenn er zu oft vorkommt und zudem nicht abreagiert werden kann. In einer Streßsituation baut der Körper jedesmal sein Abwehrsystem neu auf. Bestimmte Hormone werden ausgeschüttet und sorgen dafür, daß sich die Atemfrequenz erhöht, das Herz schneller zu schlagen beginnt und die Muskeln sich anspannen. Alles bereitet sich darauf vor, etwas gegen die unangenehme Situation, in der der gestreßte Mensch steckt, zu unternehmen.

Ursprünglich galten blitzschneller Angriff oder mindestens ebenso rasche Flucht als die beste Möglichkeit, die Gefahr aus der Welt zu schaffen. Heute erscheinen beide Methoden oft als gesellschaftlich unfein und unangemessen. Wenn sich die Diskussionen in einer Geschäftsbesprechung bedrohlich entwickelt, wird die Lage weder durch eine Flucht aus dem Raum noch durch einen Fausthieb besser. Die Verhandlungspartner verhandeln weiter. Der Streß findet kein Ventil.

Noch ist der Vorgang nicht ganz geklärt, aber für die Wissenschaftler gilt als ausgemacht, daß anhaltender Streß sich sozusagen isoliert im Kreis dreht und schließlich den eigenen Körper schädigt. Zumindest konnte nachgewiesen werden, daß Dauerstreß das Immunsystem schwächt. Der Körper verliert seine eingebaute Verteidigungskraft gegen Infektionen und andere Krankheiten.

Nachdem in unserem hektischen Gesellschaftssystem mit seinen Tendenzen zu Kampf und Aggression überall Streß lauert, ist es verständlich, daß viele Ärzte einen großen Teil unserer Krankheiten auf dieses Phänomen zurückführen. Der Körper ist dann nichts anderes als ein Spiegel für die krankmachenden Situationen in unserer Umwelt. Die Fachleute schätzen, daß bis zu 90 Prozent aller Krankheiten in der Bundesrepublik psychosomatisch sind. In der konventionellen Medizin bedeutet das eine Störung, deren Ursache nicht eindeutig diagnostiziert werden konnte. Heute wird der Ausdruck psychosomatisch aus der Erkenntnis abgeleitet, daß Körper und Seele in allen Stadien von Gesundheit und Krankheit in einem engen Zusammenhang gesehen werden müssen.

Es leuchtet wohl ein, daß es in allen Fällen von Streß-Symptomatik und im Bereich der psychosomatischen Störungen nicht besonders sinnvoll ist, nur das körperliche Leiden zu beheben. Weniger einleuchtend ist, daß die Schulmedizin genau das versucht. Mit – erwartungsgemäß – mageren Ergebnissen. Wenn das Symptom A erfolgreich repariert ist, bricht sich das tiefgreifende seelisch-körperliche Ungleichgewicht im Symptom B Bahn. Den Umsätzen der Ärzte ist dieses Verfahren dienlich, dem Patienten verständlicherweise nur selten.

Von der neuen, anima-orientierten Bewegung wird deshalb ein neues medizinisches System gefördert, das zunächst versuchte, alle das Gleichgewicht störende Faktoren aus der Umwelt zu bannen. Parallel dazu wird in eine neue Richtung geforscht. Wenn die Seele den Körper krank machen kann, bestehen Chancen, daß sie – umgekehrt – auch heilen hilft. Ziel dieser Forschung ist ein Beleg dafür, daß der Mensch zur Selbstheilung fähig ist.

Der Placebo-Effekt

Erste Hinweise darauf gibt es bereits. In der Medizin ist ein Effekt bekannt, der den Namen Placebo hat. Ihm liegt die Erfahrungstatsache zugrunde, daß Patienten auch dann positiv auf Medikamente reagieren, wenn die Tablette nur gepreßten Milchzucker enthält. Der Patient schluckt die Imitation in dem Glauben, echte Arznei einzunehmen. Eine Studie ergab, daß 35 Prozent der Placebo-Patienten eine »zufriedenstellende Erleichterung« verspürten, obwohl sie nur Zucker-Tabletten erhalten hatten. Besonders erfolgreich sind Placebos bei Krankheiten, für die es keine bekannte Heilmethode gibt. Der einzige aktive Bestandteil dieser Behandlungsmethode scheint die positive Erwartung des Patienten zu sein, unterstützt durch das Zusammenwirken mit einem Therapeuten.

In diesem Licht betrachtet, erhält auch die »Wunder«-Medizin auf den Philippinen oder in Brasilien einen ganz anderen Wert. Auch wenn westliche Wissenschaftler mit ausgeklügelten technischen Überwachungsmethoden nachweisen konnten, daß unter den exotischen Heilern zahlreiche Betrüger operieren, deren nach einem blutigen Eingriff stolz vorgewiesene, entfernte Krebsgeschwulst lediglich ein Stück vergammeltes Hühnerfleisch war, so steht doch zu erwarten, daß auch hier der Glaube heilt. Zumindest bei Krankheiten wie Krebs, deren wahre Ursache die konventionelle Medizin noch nicht erraten konnte, kann diese positive Erwartung des Patienten mehr bewirken, als ein westlicher Arzt zu träumen wagt.

Ähnlich liegt der Fall bei der Homöopathie, die nachweislich funktioniert, ohne daß die etablierte Wissenschaft einen Grund dafür angeben kann. Das Prinzip der Homöopathie besteht darin, das Muster der für den Patienten charakteristischen Symptome sorgsam zu registrieren und mit einem ähnlichen Muster in Deckung zu bringen, das für das Heilmittel typisch ist. In extrem hoher Verdünnung, die oft dem Verhältnis eines Tropfens auf die gesamten Wassermassen des Bodensees entspricht, wird dieses Heilmittel dann verabreicht. Die Heilpraktiker glauben, daß sich bei diesem Verdünnungsprozeß das energetische Muster der ursprünglichen Substanz auf die Verdünnung überträgt. Diese Spuren, einem unsichtbaren Code ähnlich, geben dem Körper den entscheidenden Impuls, die Abweichung vom gesunden Gleichgewicht zu regulieren.

Die überkommene Heilkunde lehnt diese Methode natürlich ab, weil sie ihre Wirkung nicht linear begründen kann und die Verdünnung der Wirkstoffe so enorm ist, daß in den meisten Fällen nicht einmal mehr modernste Labordiagnostik in der Lage ist, die ursprüngliche Substanz zu analysieren. Die von männlichem Gedankengut geprägte Medizin macht es sich mit ihrer eigenen Argumentation unmöglich, die Homöopathie zu verbieten. Wenn in den Wässerchen und Pülverchen der Heilpraktiker kein Inhalt nachgewiesen werden kann, kann es logischerweise auch nicht schädlich sein. Alle Versuche, die Homöopathie auszuschalten, sind denn auch gescheitert.

Mit Hilfe des Anima-Prinzips läßt sich eine solche Frontstellung zwischen konventioneller Medizin und alternativen Praktiken vermeiden. Beide Richtungen können vorurteilsfrei angenommen werden und in der Synthese ihre Vorzüge vereinen.

Schon bedienen sich Heilpraktiker modernster elektronischer Diagnose-Geräte. Den Vergleich zwischen Symptomen und den Charakteristika des Heilmittels nimmt ein Computer vor. Im Gegenzug entdeckt die etablierte Medizin Methoden, die außerhalb der Hörsäle entwickelt wurden. Engagiert werden von zahlreichen Ärzten die Selbstheilungskräfte des Körpers gefördert. In den Kreißsälen haben neben den Vätern auch sanfte Wege der Geburt Einzug gehalten, und bewährten Heilmitteln aus früherer Zeit wird nicht selten der Vorzug gegeben, wenn als Alternative synthetisch hergestellte Chemikalien zur Verfügung stehen.

Krankheit als Weg

Der von der Erkenntnis des Anima-Prinzips geprägte neue Mensch, wird den Begriffen Krankheit und Gesundheit gegenüber ein ganz neues Verantwortungsgefühl entwickeln. Er wird Gesundheit nicht mehr in einem sinnlosen Kreisschluß als Abwesenheit von Krankheiten definieren, sondern akzeptieren, daß die Symptome körperlicher Störungen Fehlentwicklungen seiner Außenwelt und seiner Innenwelt widerspiegeln.

In ihrem aufsehenerregenden Buch »Krankheit als Weg« stellen der Arzt Rüdiger Dahlke und der wegen seiner Reinkarnationstherapie umstrittene Psychologe Thorwald Dethlefsen die These auf, Krankheit könne ein Weg zur Vollkommenheit sein: »Als Symptom hat der Mensch das, was ihm im Bewußtsein fehlt. Heilung ist nur dadurch möglich, daß der Mensch den im Symptom verborgenen Schattenteil sich bewußt macht und integriert. Hat der Mensch das ihm Fehlende gefunden, wird das Symptom überflüssig.«

Nachdem die meisten Krankheiten, unter denen wir leiden, sogenannte Zivilisationskrankheiten sind, gewinnt diese Aussage einen neuen Sinn. Die von uns geprägte Welt ist eine Männerwelt. Unsere Krankheitssymptome spiegeln wider, was wir aus dieser Welt gemacht haben. Von 200 »gesunden« Angestellten klagen die meisten über zahlreiche Beschwerden, die im »Lehrbuch für psychosomatische Medizin« wie folgt aufgelistet werden:

Verstimmung	43,5 Prozent
Magenbeschwerden	37,5 Prozent
Angstzustände	26,5 Prozent
häufige Halsentzündungen	22,0 Prozent
Schwindel, Ohnmacht	17,5 Prozent
Schlaflosigkeit	17,5 Prozent
Dysmenorrhöe (schmerzhafte Regelblutung)	15,0 Prozent
Obstipation (Verstopfung)	14,5 Prozent
Schweißausbrüche	14,0 Prozent
Herzschmerzen, Herzklopfen	13,0 Prozent
Kopfschmerzen	13,0 Prozent
Ekzeme	9,0 Prozent
Globusgefühl (»im Rachen steckt eine Kugel«)	5,5 Prozent
rheumatische Beschwerden	5,5 Prozent

Fast alle diese Symptome sind Folgen des Ungleichgewichts in unserer von männlichen Werten dominierten Welt. Hektik, Aggression, Konkurrenzkampf und andere maskuline Ausdrucksformen spiegeln den fehlenden Zugang unseres Bewußtseins zur Anima im Unterbewußtsein wider. Dort liegt die Störung in dem alles umfassenden Regelkreis zwischen Unbewußtem, Bewußtem, Körper und Umwelt. Sollten Dahlke und Dethlefsen recht haben, wogegen kaum etwas spricht, können wir viele Krankheiten vergessen , wenn wir das Anima-Prinzip in uns und in unserer Welt akzeptieren.

Das Jesus-Idol

Das Rätsel der Jungfräulichkeit hat die christliche Kirche lange verwirrt. Für das Gleichnis von der Jungfrau Maria fand man über Jahrhunderte hinweg keine vernünftige Erklärung. Schließlich zeigte sich aber doch ein Ausweg: Das Phänomen wurde geschickt dazu benutzt, die Unterdrückung und Verunglimpfung der Frau und der Sexualität zu rechtfertigen.

Heute ist jedoch nachgewiesen, daß diese Auslegung nicht nur einseitig, sondern falsch ist. Der Psychologe John Layard, ein Schüler C. G. Jungs, deutet Jungfräulichkeit nicht als Keuschheit im allgemeinen Sprachgebrauch, also im Sinne von sexueller Enthaltsamkeit. Ganz im Gegenteil erscheint ihm das Gleichnis von der Jungfrau als ein Beleg für einen psychologisch derart ausgereiften Menschen, daß es einer äußeren Befruchtung durch einen Mann nicht bedarf. Die Jungfrau hat die Synthese von Yin und Yang bereits erreicht. Für Sukie Colegrave ist eine jungfräuliche Geburt daher »Ausdruck für die unbewußte Verbindung von Yin und Yang, des femininen und maskulinen Prinzips«.

So betrachtet ist es nicht weiter erstaunlich, wenn sich der französische Kulturphilosoph Roger Garaudy beim Lesen des Evangeliums jedesmal wundert, daß Jesus keine Frau war. Ihm fiel auf, daß die von Jesus offenbarten Werte »dem Menschen seine ganze Fülle« geben und überdies »auch seine weiblichen Dimensionen im radikalen

Widerspruch zur exklusiv männlichen Ordnung seiner Zeit und aller Zeiten« entfalten. Jesus von Nazareth ist es schlichtweg gelungen, das Anima-Prinzip in seinem Bewußtsein zu integrieren. Er hat die Synthese von männlichen und weiblichen Inhalten demonstriert. Niemals zuvor konnte deshalb jemand so entschieden wie Jesus behaupten, Vernunft sei nicht alles. Er stellte sich gegen die Schriftgelehrten und ergänzte deren reinen Glauben an den Intellekt durch sein Bekenntnis zur bedingungslosen Nächstenliebe.

Diese christliche Liebe ist weit von dem entfernt, was wir heute mit dem Begriff verbinden. Wer liebt, liebt nicht den anderen, sondern das, was der andere ihm geben kann. Im Beispiel des Mannes ist das häufig die Projektion seiner Anima. Er liebt die Frau, weil sie von außen die Unordnung in seinem eigenen Inneren ordnen soll.

Erst wenn wir das Anima-Prinzip anerkennen, kann diese selbstsüchtige, besitzergreifende Liebe einer allumfassenden christlichen Liebe weichen. Diese Liebe bezeichnet nach Garaudy »jene Existenzweise, in der sich der Mensch nicht als vereinzelte, von allen anderen durch ein Vakuum getrennte Insel definiert, die sich für den Mittelpunkt und das Maß aller Dinge hält, sondern in der sich umgekehrt jeder nur in bezug zum anderen definieren kann«.

Liebe im Zeichen des Anima-Prinzips ist deshalb eine Liebe, die uns nach außen öffnet. Sie macht uns empfänglich für unsere Umwelt, für die Natur und für die Abhängigkeit in einem universalen Regelkreis, dessen Teil wir sind. Unsere Umwelt wird zu einer ständigen Quelle der Bereicherung für die eigene Persönlichkeit. Wir sträuben uns nicht mehr gegen diese Erkenntnis, sondern lernen daraus unsere eigene Verantwortung für die Welt, in der wir leben, denn dieses ständige Schenken beruht auf Gegenseitigkeit.

Zusammenfassung

Das Erstaunlichste am Anima-Prinzip ist, daß es so einleuchtend erscheint und trotzdem nur sehr langsam anerkannt wird. Unsere an männlichen Denkmustern orientierte Gesellschaft ist zwar fähig, die verfahrene Situation, in der sie steckt, äußerst detailgenau zu analysieren, offenkundig fehlt ihr jedoch die Möglichkeit, aus der unerfreulichen Lagebeschreibung die Konsequenzen zu ziehen.

Krampfhaft darauf bedacht, angeblich altbewährte Formen in die Zukunft zu retten und alles Neue abzuwehren, bewegt sich unsere Gesellschaft kollektiv wie eine Horde von Lemmingen auf den selbstgeschaffenen Abgrund zu. Die Zahl der nachdenklichen Menschen wächst beständig, aber noch hat sie die kritische Masse nicht erreicht, die in der Lage wäre, die selbstzerstörerische Tendenz zu stoppen und eine wirkliche Wende herbeizuführen.

In diesem Dilemma kann das Anima-Prinzip ein Ausweg aus der Gefahr sein. Undogmatisch und tolerant ist es bereit, auch Elemente aus der Männergesellschaft zu übernehmen und in ein Gesamtbild einzufügen. Die Synthese und der Kompromiß sind wesentliche Bestandteile des Anima-Prinzips. In seinem Zeichen werden daher keine Fronten aufgebaut, sondern Durchlässe geschaffen.

Nicht »Schwanz-ab«-Parolen und Frauenkneipen (»Männer müssen leider draußen warten«) verkörpern das neue Prinzip. Das sind die alten männlichen Konfrontationsmuster, die jetzt nachweislich nicht mehr weiterhelfen.

Das Anima-Prinzip will es der Männergesellschaft, die ohnehin verkrustet und wenig flexibel ist, nicht erleichtern, in ihrem nach rückwärts orientierten Schmollwinkel zu verharren. Es will und wird die soziokulturellen Verkrustungen lösen. Noch wehrt sich der Mann, die aufgestoßene Tür zu passieren. Das kann aber im Zeichen des Anima-Prinzps nicht weiter beunruhigen. Beharrliche Geduld ist eine der Haupttugenden dieses neuen Konzeptes. Das Anima-Prinzip kann warten.

Bibliographie

BACHOFEN, Johann: Das Mutterrecht, Suhrkamp 1975
BEAUVOIR, Simone de: Das andere Geschlecht, Rowohlt 1983
BEER, Ulrich: Selbsttherapie, Hirtenhaus 1981
BENDER, Hans: Parapsychologie, Fischer 1982
BINSWANGER, GEISSBERGER, GINSBURG (Hrsg.): Wege aus der Wohlstandsfalle,
    Fischer 1979
BORNEMANN, Ernest: Das Patriarchat, Fischer 1983
BUNDESMINISTER FÜR JUGEND, FAMILIE UND GESUNDHEIT: Sachverständigen-
    anhörung »Antidiskriminierungsgesetz«, Bonn 1982
BUTTLAR, Johannes v.: Unsichtbare Kräfte, Droemer Knaur 1984

CAPRA, Fritjof: Wendezeit, Scherz 1983
COLEGRAVE, Sukie: Yin und Yang, Barth 1980
COLLANGE, Christiane: Ça va les hommes?, Bernard Grasset 1980

DAVIS, Elizabeth Gould: Am Anfang war die Frau, Frauenoffensive 1983
DETHLEFSEN, Thorwald: Krankheit als Weg, Bertelsmann 1983
DEVI, Kamala: Tantra-Sex, Goldmann 1979
DYER, K. F.: Catching up the men, Junction-Books 1982

EPPLE, Eva Maria: Einige Stationen der neuen Frauenfriedensbewegung (Frieden in Deutsch-
    land, Goldmann 1982)
EPPLER, Erhard: Wege aus der Gefahr, Rowohl 1981
EYSENCK, Hans J.: Gesellschaft und Individuum, Bd. II, Goldmann 1958

FARADAY, Ann: Die positive Kraft der Träume, Knaur 1984
FISCHER, Heide: Soziale Medizin anstelle von Symptombekämpfung (Der Fischer Öko-
    Almanach, Fischer 1980)
FRAZER, James George: Der goldene Zweig, 2 Bde., Ullstein 1977

GARAUDY, Roger: Der letzte Ausweg, Walter 1982
Global Future, Zweitausendeins-Verlag 1981
Global 2000, Zweitausendeins-Verlag 1980
GOTTSCHÜTZ, Herbert: Lexikon der Mythologie, Heyne 1982
GRABER, Gustav Hans: Psychologie des Mannes, Goldmann Nr. 1591/1592
GREER, Germaine: Der weibliche Eunuch, Fischer 1971
GUHA, Anton-Andreas: »Frieden« durch Abschreckung (Frieden in Deutschland, Goldmann
    1982)

HARDING, Esther: Frauenmysterien, Verlag Schwarze Katz 1982
HOUILLON, Charles: Sexualität, Vieweg 1969
HOUILLON, Charles: Embryologie, Vieweg 1972

I Ging, Text und Materialien, übersetzt von Richard Wilhelm, Dietrichs 1982

JACOBI, Jolande: Die Psychologie von C. G. Jung, Walter 1978
JAFFE, Aniela: Erinnerungen, Träume, Gedanken von C. G. Jung, Walter 1982

JOKISCH, Rodrigo (Hrsg.): Mann-Sein, Rowohlt 1982
JUNG, Carl Gustav: Grundwerk, Bd. II, Walter 1984
JUNG, Emma: Animus und Anima, Bonz 1982
JUNGK, Robert: Menschenbeben, Bertelsmann 1983

KAST, Verena: Paare, Kreuz-Verlag 1984
KENT, Rush Anne: Mond, Mond, Frauenoffensive 1978
KNUSSMANN, Rainer: Der Mann – ein Fehlgriff der Natur, STERN-Buch 1982
KRAUSE, Florentine: Sanfte Energie mit der Natur produzieren (Der Fischer Öko-Almanach,
    Fischer 1980)

LAO-TSE: Tao-Tê-King, Reclam 1979

McCLELLAND, David: Macht als Motiv, Klett-Cotta 1978
MEAD, Margaret: Mann und Weib, Diana 1955
MELLAART, James: Catal Hüyük, Lübbe 1967
MEYER-ABICH, K. M.: Der neue Konsument, Fischer 1978
MICHELMORE, Susan: Sex, Goldmann 1970

NAISBITT, John: Megatrends, Hestia 1984
NEUMANN, Erich: Zur Psychologie des Weiblichen, Fischer 1983

PINTASILGO, Maria de Lourdes: Les Nouveaux Feminismes, Cerf 1980

RICHTER, Horst Eberhard: Der Gotteskomplex, Rowohlt 1979
ROSENSTIEL, Lutz v./NEUMANN, Peter: Einführung in die Markt- und Werbepsychologie,
    Wissenschaftliche Buchgesellschaft Darmstadt 1982
ROTH, Roland: Friede den Hütten (Frieden in Deutschland, Goldmann 1982)
RUSKE, Barbara; TEUFEL, Dieter: Das sanfte Energie-Handbuch, Rowohlt 1980

SOROKIM, Pitirim: The Crises Of Our Age, Dutton 1941

THIRLEBY, Aschley: Das Tantra der Liebe, Ullstein 1982
TINBERGEN, Jan: Der Rio-Bericht an den Club of Rome – Wir haben nur eine Zukunft,
    Westdeutscher Verlag 1977
TOFFLER, Alvin: Der Zukunftsschock, Knaur 1974
TOYNBEE, Arnold: Der Gang der Weltgeschichte – Aufstieg und Verfall der Kulturen, Kohl-
    hammer 1950
TRAUBE, Klaus: Müssen wir umschalten?, Rowohlt 1978

VESTER, Frederic: Neuland des Denkens, DVA 1980

WEININGER, Otto: Geschlecht und Charakter, Matthes & Seitz 1980

Sachregister

196

Sir Galahad

Mütter und Amazonen

Liebe und Macht
im Frauenreich

Ullstein Buch 34384

»Dies ist die erste weibliche
Kulturgeschichte« (Sir
Galahad), veröffentlicht 1932
unter einem Pseudonym,
verfaßt von einer der unge-
wöhnlichsten Frauen der
Wiener Gesellschaft um 1920.
Geschrieben mit kritischer
Bewunderung für Johann
Jakob Bachofen, den Erfor-
scher des Mutterrechts. Die
Eleganz der Sprache und ein
treffsicheres kritisches Urteil
verleihen diesem Grund-
lagenwerk höchsten Reiz.

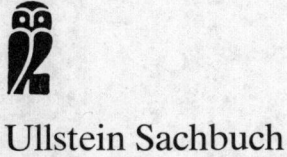

Ullstein Sachbuch

Reinhard Breuer

Das anthropische Prinzip

Der Mensch im Fadenkreuz
der Naturgesetze

Ullstein Buch 34235

In diesem Buch untersucht
Reinhard Breuer die
Bedingungen, die Kosmos
und Naturgesetze erfüllen
mußten, um eine Lebensform
hervorzubringen, die diese
Bedingungen erkennen kann.
Mikrokosmos und Makro-
kosmos haben in einer Fülle
zufälliger Querverbindungen
zusammengewirkt, um
irdisches Leben zu ermög-
lichen.
Das anthropische Prinzip
vermittelt neuartige, unkon-
ventionelle Erkenntnisse
über die Stellung des
Menschen im Kosmos und
über die Logik, die in der
Schöpfung seit Anbeginn
geherrscht hat.

Ullstein Sachbuch